Illisibilité partielle

VALABLE POUR TOUT OU PARTIE DU DOCUMENT REPRODUIT

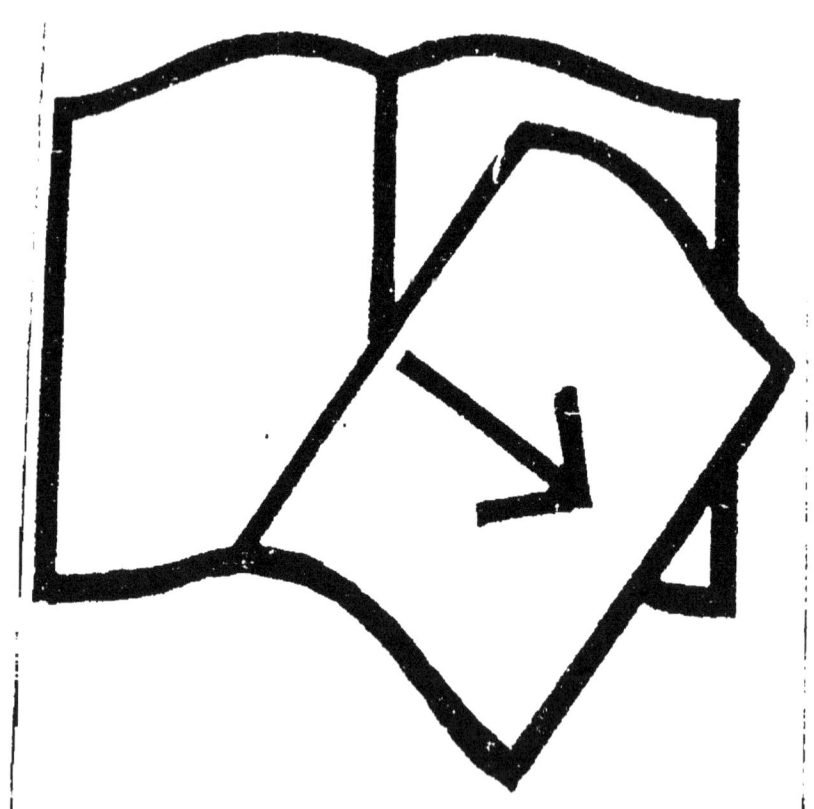

Couvertures supérieure et inférieure manquantes

COLLECTION MICHEL LÉVY

ŒUVRES COMPLÈTES

D'ALEXANDRE DUMAS

EMMA LYONNA

I

ŒUVRES COMPLÈTES D'ALEXANDRE DUMAS
PUBLIÉES DANS LA COLLECTION MICHEL LÉVY

Acté	1
Amaury	1
Ange Pitou	2
Ascanio	2
Une Aventure d'amour	1
Aventures de John Davys	2
Les Baleiniers	2
Le Bâtard de Mauléon	3
Black	1
Les Blancs et les Bleus	3
La Bouillie de la comtesse Berthe	1
La Boule de neige	1
Bric-à-Brac	2
Un Cadet de famille	3
Le Capitaine Pamphile	1
Le Capitaine Paul	1
Le Capitaine Rhino	1
Le Capitaine Richard	1
Catherine Blum	1
Causeries	2
Cécile	1
Charles le Téméraire	2
Le Chasseur de sauvagine	1
Le Château d'Eppstein	2
Le Chev. d'Harmental	2
Le Chevalier de Maison-Rouge	2
Le Collier de la reine	3
La Colombe	1
Les Compagnons de Jéhu	3
Le Comte de Monte-Cristo	6
La Comtesse de Charny	6
La Comtesse de Salisbury	2
Les Confessions de la marquise	2
Conscience l'innocent	2
Création et rédemption :	
— Le Docteur mystérieux	2
— La Fille du marquis	2
La Dame de Monsoreau	3
La Dame de Volupté	2
Les Deux Diane	3
Les Deux Reines	2
Dieu dispose	2
Les Drames galants — La Marquise d'Escoman	2
Le Drame de Quatre-Vingt-Treize	3
Les Drames de la mer	1
Emma Lyonna	5
La Femme au collier de velours	1
Fernande	1
Une Fille du régent	1
Filles, Lorettes et Courtisanes	1
Le Fils du forçat	1
Les Frères corses	1
Gabriel Lambert	1
Les Garibaldiens	1
Gaule et France	1
Georges	1
Gil Blas en Californie	1
Les Grands Hommes en robe de chambre :	
— César	2
— Henri IV, Richelieu, Louis XIII	2
La Guerre des femmes	2
Histoire d'un casse-noisette	1
L'Homme aux Contes	1
Les Hommes de fer	1
L'Horoscope	1
L'Ile de feu	2
Impressions de voyage :	
— Une année à Florence	1
— L'Arabie Heureuse	3
— Les bords du Rhin	1
— Le Capitaine Arena	1
— Le Caucase	3
— Le Corricolo	2
— Le Midi de la France	1
— De Paris à Cadix	2
— Quinze jours au Sinaï	2
— En Russie	4
— En Suisse	3
— Le Speronare	2
— La Villa Palmieri	1
— Le Véloce	2
Ingénue	2
Isabel de Bavière	2
Italiens et Flamands	2
Ivanhoe de Walter Scott (trad)	2
Jacques Ortis	1
Jacquot sans Oreilles	1
Jane	1
Jehanne la Pucelle	1
Louis XIV et son Siècle	4
Louis XV et sa Cour	2
Louis XVI et la Révolution	2
Les Louves de Machecoul	3
Madame de Chamblay	2
La Maison de glace	1
Le Maître d'armes	1
Les Mariages du père Olifus	1
Les Médicis	1
Mes Mémoires	13
Mémoires de Garibaldi	2
Mémoires d'une aveugle	2
Mém. d'un médecin : J. Balsamo	5
Le Meneur de loups	1
Les Mille et un Fantômes	1
Les Mohicans de Paris	4
Les Morts vont vite	1
Napoléon	1
Une Nuit à Florence	1
Olympe de Clèves	3
Le Page du duc de Savoie	2
Parisiens et Provinciaux	2
Le Pasteur d'Ashbourn	1
Pauline et Pascal Bruno	1
Un Pays Inconnu	1
Le Père Gigogne	2
Le Père la Ruine	1
Le Prince des Voleurs	2
La Princesse de Monaco	2
La Princesse Flora	1
Les Quarante-Cinq	3
La Régence	1
La Reine Margot	2
Robin Hood le proscrit	2
La Route de Varennes	1
Le Salteador	1
Salvator (suite et fin des Mohicans de Paris)	5
La San-Felice	4
Souvenirs d'Antony	1
Les Stuarts	1
Sultanetta	1
Sylvandire	1
La Terreur prussienne	2
Le Testament de M. Chauvelin	1
Théâtre Complet	25
Trois Maîtres	1
Les Trois Mousquetaires	1
Le Trou de l'Enfer	1
La Tulipe noire	1
Le Vte de Bragelonne	6
La Vie au désert	2
Une Vie d'artiste	1
Vingt ans après	3

Poissy. — Typ. S. Lejay et Cie.

EMMA LYONNA

PAR

ALEXANDRE DUMAS

I

PARIS
CALMANN LÉVY, ÉDITEUR
ANCIENNE MAISON MICHEL LÉVY FRÈRES
RUE AUBER, 3, ET BOULEVARD DES ITALIENS, 15
A LA LIBRAIRIE NOUVELLE

—

1876

Droits de reproduction et de traduction réservés

EMMA LYONNA[1]

I

JUSTICE DE DIEU

Le 22 décembre 1798 au matin, des groupes nombreux stationnaient dès le point du jour devant des affiches aux armes royales apposées pendant la nuit sur les murailles de Naples.

Ces affiches renfermaient un édit déclarant que le prince de Pignatelli était nommé vicaire du royaume, et Mack lieutenant général.

Le roi promettait de revenir de la Sicile avec de puissants secours.

La vérité terrible était donc enfin révélée aux Napolitains. Toujours lâche, le roi abandonnait son peuple, comme il avait abandonné son armée. Seulement, cette fois, en fuyant, il dépouillait la capitale de tous les chefs-d'œuvre recueillis depuis un siècle, et de tout l'argent qu'il avait trouvé dans les caisses.

[1]. L'épisode qui précède *Emma Lyonna* a pour titre *La San-Felice*.

Alors, ce peuple désespéré courut au port. Les vaisseaux de la flotte anglaise, retenus par le vent contraire, ne pouvaient sortir de la rade. A la bannière flottant à son mât, on reconnaissait celui qui portait le roi : c'était, comme nous l'avons dit, le *Van-Guard*.

En effet, vers les quatre heures du matin, ainsi que l'avait prévu le comte de Thurn, le vent étant un peu tombé, la mer avait calmi; et, après avoir passé la nuit dans la maison de l'inspecteur du port, sans pouvoir se réchauffer, les fugitifs s'étaient remis en mer et à grand' peine avaient abordé le vaisseau de l'amiral.

Les jeunes princesses avaient eu faim et avaient soupé avec des anchois salés, du pain dur et de l'eau. La princesse Antonia, la plus jeune des filles de la reine, dans un journal que nous avons sous les yeux, raconte ce fait et décrit ses angoisses et celles de ses augustes parents pendant cette terrible nuit.

Quoique la mer fût encore horriblement houleuse et le port mal garanti, l'archevêque de Naples, les barons, les magistrats et les élus du peuple montèrent dans des barques, et, à force d'argent, ayant décidé les plus braves patrons à les conduire, allèrent supplier le roi de revenir à Naples, promettant de sacrifier à la défense de la ville jusqu'à la dernière goutte de leur sang.

Mais le roi ne consentit à recevoir que le seul archevêque, monseigneur Capece Zurlo, lequel, malgré ses prières, ne put en tirer que ces paroles :

— Je me fie à la mer, parce que la terre m'a trahi.

Au milieu de ces barques, il y en avait une qui conduisait un homme seul. Cet homme, vêtu de noir, tenait son front abaissé dans ses mains, et, de temps en temps, relevait sa tête pâle pour regarder d'un œil hagard si l'on approchait du vaisseau qui servait d'asile au roi.

Le vaisseau, comme nous l'avons dit, était entouré de barques; mais, devant cette barque isolée et cet homme seul, les barques s'écartèrent.

Il était facile de voir que c'était par répugnance et non par respect.

La barque et l'homme arrivèrent au pied de l'échelle; mais là se tenait un soldat de marine anglais, dont la consigne était de ne laisser monter personne à bord.

L'homme insista pour qu'on lui accordât, à lui, la faveur refusée à tous. Son insistance amena un officier de marine.

— Monsieur, cria celui à qui l'on refusait l'entrée

du vaisseau, ayez la bonté de dire à ma reine que c'est le marquis Vanni qui sollicite l'honneur d'être reçu par elle pendant quelques instants.

Un murmure s'éleva de toutes les barques.

Si le roi et la reine, qui refusaient de recevoir les magistrats, les barons et les élus du peuple, recevaient Vanni, c'était une insulte faite à tous.

L'officier avait transmis la demande à Nelson. Nelson, qui connaissait le procureur fiscal, de nom, du moins, et qui savait les odieux services rendus à la royauté par ce magistrat, l'avait transmise à la reine.

L'officier reparut au haut de l'échelle, et, en anglais :

— La reine est malade, dit-il, et ne peut recevoir personne.

Vanni, ne comprenant pas l'anglais ou feignant de ne pas le comprendre, continuait à se cramponner à l'échelle, d'où le factionnaire le repoussait sans cesse.

Un autre officier vint, qui lui notifia le refus en mauvais italien.

— Alors, demandez au roi, cria Vanni. Il est impossible que le roi, que j'ai si fidèlement servi, repousse la requête que j'ai à lui présenter.

Les deux officiers se consultaient sur ce qu'il y

avait à faire, lorsque, en ce moment même, le roi parut sur le pont, reconduisant l'archevêque.

— Sire ! sire ! cria Vanni en apercevant le roi, c'est moi ! c'est votre fidèle serviteur !

Le roi, sans répondre à Vanni, baisa la main de l'archevêque.

L'archevêque descendit l'escalier, et, arrivé à Vanni, s'effaça le plus qu'il put pour ne point le toucher, même de ses vêtements.

Ce mouvement de répulsion, fort peu chrétien, du reste, fut remarqué des barques, où il souleva un murmure d'approbation.

Le roi saisit cette démonstration au passage et résolut d'en tirer profit.

C'était une lâcheté de plus ; mais Ferdinand, à cet endroit, avait cessé de calculer.

— Sire, répéta Vanni, la tête découverte et les bras étendus vers le roi, c'est moi !

— Qui, vous ? demanda le roi avec ce nasillement qui, dans ses goguenarderies, lui donnait tant de ressemblance avec Polichinelle.

— Moi, le marquis Vanni.

— Je ne vous connais pas, dit le roi.

— Sire, s'écria Vanni, vous ne reconnaissez pas votre procureur fiscal, le rapporteur de la junte d'État ?

— Ah! oui, dit le roi, c'est vous qui disiez que la tranquillité ne serait rétablie dans le royaume que lorsqu'on aurait arrêté tous les nobles, tous les barons, tous les magistrats, tous les jacobins, enfin ; c'est vous qui demandiez la tête de trente-deux personnes et qui vouliez donner la torture à Medici, à Canzano, à Teodoro Montecelli.

La sueur coulait du front de Vanni.

— Sire! murmura-t-il.

— Oui, répondit le roi, je vous connais, mais de nom seulement ; je n'ai jamais eu affaire à vous, ou plutôt vous n'avez jamais eu affaire à moi. Vous ai-je jamais personnellement donné un seul ordre?

— Non, sire, c'est vrai, dit Vanni en secouant la tête. Tout ce que j'ai fait, je l'ai fait par le commandement de la reine.

— Eh bien, alors, dit le roi, si vous avez quelque chose à demander, demandez-le à la reine et non à moi.

— Sire, je me suis, en effet, adressé à la reine.

— Bon! dit le roi, qui voyait combien son refus était approuvé par tous les assistants et qui, reconquérant un peu de sa popularité par l'acte d'ingratitude qu'il faisait, au lieu d'abréger la conversation, cherchait à la prolonger ; eh bien?

— La reine a refusé de me recevoir, sire.

— C'est désagreable pour vous, mon pauvre marquis ; mais, comme je n'approuvais pas la reine quand elle vous recevait, je ne puis la désapprouver quand elle ne vous reçoit pas.

— Sire ! s'écria Vanni avec l'accent d'un naufragé qui sent glisser entre ses bras l'épave à laquelle il s'était cramponné, et sur laquelle il fondait son salut ; sire ! vous savez bien qu'après les soins que j'ai rendus à votre gouvernement, je ne puis rester à Naples... Me refuser l'asile que je vous demande sur un des bâtiments de la flotte anglaise, c'est me condamner à mort : les jacobins me pendront !

— Et avouez, dit le roi, que vous l'aurez bien mérité !

— Oh ! sire ! sire ! il manquait à mon malheur l'abandon de Votre Majesté !

— Ma Majesté, mon cher marquis, n'est pas plus puissante ici qu'à Naples. La vraie Majesté, vous le savez bien, c'est la reine. C'est la reine qui règne. Moi, je chasse et je m'amuse, — pas dans ce moment-ci, je vous prie de le croire ; c'est la reine qui a fait venir M. Mack et qui l'a nommé général en chef ; c'est la reine qui fait la guerre ; c'est la reine qui veut aller en Sicile. Chacun sait que, moi, je voulais rester à Naples. Arrangez-vous avec la reine ; mais je ne puis m'occuper de vous.

Vanni prit, d'un geste désespéré, sa tête entre ses mains.

— Ah ! si fait, dit le roi, je puis vous donner un conseil...

Vanni releva le front, un rayon d'espoir passa sur son visage livide.

— Je puis, continua le roi, vous donner le conseil d'aller à bord de *la Minerve*, où est embarqué le duc de Calabre et sa maison, demander passage à l'amiral Caracciolo. Mais, quant à moi, bonjour, cher marquis ! bon voyage !

Et le roi accompagna ce souhait d'un bruit grotesque qu'il faisait avec la bouche et qui imitait, à s'y méprendre, celui que fait le diable dont parle Dante et qui se servait de sa queue au lieu de trompette.

Quelques rires éclatèrent, malgré la gravité de la situation ; quelques cris de « Vive le roi ! » se firent entendre ; mais ce qui fut unanime, ce fut le concert de huées et de sifflets qui accompagna le départ de Vanni.

Si peu de chance qu'il y eût dans ce conseil donné par le roi, c'était un dernier espoir. Vanni s'y cramponna et donna l'ordre de ramer vers la frégate *la Minerve*, qui se balançait gracieusement à l'écart de le flotte anglaise, portant à son grand mât le pavillon indiquant qu'elle avait à bord le prince royal.

Trois hommes montés sur la dunette suivaient, avec des longues-vues, la scène que nous venons de raconter. C'étaient le prince royal, l'amiral Caracciolo et le chevalier San-Felice, dont la lunette, nous devons le dire, se tournait plus souvent du côté de Mergellina, où s'élevait la maison du Palmier, que du côté de Sorrente, dans la direction de laquelle était ancré le *Van-Guard*.

Le prince royal vit cette barque qui, à force de rames, se dirigeait vers *la Minerve*, et, comme il avait vu l'homme qui la montait parler longtemps au roi, il fixa avec une attention toute particulière sa lunette sur cet homme.

Tout à coup, le reconnaissant :

— C'est le marquis Vanni, le procureur fiscal ! s'écria-t-il.

— Que vient faire à mon bord ce misérable ? demanda Caracciolo en fronçant le sourcil.

Puis, se rappelant tout à coup que Vanni était l'homme de la reine :

— Pardon, Altesse, dit-il en riant, vous savez que les marins et les juges ne portent pas le même uniforme ; peut-être un préjugé me rend-il injuste.

— Il ne s'agit point ici de préjugé, mon cher amiral, répondit le prince François : il s'agit de conscience. Je comprends tout. Vanni a peur de rester à Naples, Vanni veut fuir avec nous. Il a été demander au roi de le recevoir sur le *Van-Guard :* le roi ayant refusé, le malheureux vient à nous.

— Et quel est l'avis de Votre Altesse à l'endroit de cet homme ? demanda Caracciolo.

— S'il vient avec un ordre écrit de mon père, mon cher amiral, comme nous devons obéissance à mon père, recevons-le ; mais, s'il n'est point porteur d'un ordre écrit bien en règle, vous êtes maître suprême à votre bord, amiral, vous ferez ce que vous voudrez. Viens, San-Felice.

Et le prince descendit dans la cabine de l'amiral, que celui-ci lui avait cédée, entraînant derrière lui son secrétaire.

La barque s'approchait. L'amiral fit descendre un matelot sur le dernier degré de l'escalier, au haut duquel il se tint les bras croisés.

— Ohé ! de la barque ! cria le matelot, qui vive ?

— Ami, répondit Vanni.

L'amiral sourit dédaigneusement.

— Au large ! dit le matelot. Parlez à l'amiral.

Les rameurs, qui savaient à quoi s'en tenir sur Caracciolo à l'endroit de la discipline, se tinrent au large.

— Que voulez-vous? demanda 'amiral de sa voix rude et brève.

— Je suis...

L'amiral l'interrompit.

— Inutile de me dire qui vous êtes, monsieur : comme tout Naples, je le sais. Je vous demande, non pas qui vous êtes, mais ce que vous voulez.

— Excellence, Sa Majesté le roi, n'ayant point de place à bord du *Van-Guard* pour m'emmener en Sicile, me renvoie à Votre Excellence en la priant...

— Le roi ne prie pas, monsieur, il ordonne : où est l'ordre?

— Où est l'ordre?

— Oui, je vous demande où il est; sans doute, en vous envoyant à moi, il vous a donné un ordre; car le roi doit bien savoir que, sans un ordre de lui, je ne recevrais pas à mon bord un misérable tel que vous.

— Je n'ai pas d'ordre, dit Vanni consterné.

— Alors, au large!

— Excellence!...

— Au large! répéta l'amiral.

Puis, s'adressant au matelot :

Et, quand vous aurez crié une troisième fois : « Au large! » si cet homme ne s'éloigne pas, feu dessus!

— Au large! cria le matelot.

La barque s'éloigna.

Tout espoir était perdu. Vanni rentra chez lui. Sa femme et ses enfants ne s'attendaient point à le revoir. Ces demandeurs de têtes ont des femmes et des enfants comme les autres hommes; ils ont même quelquefois, assure-t-on, des cœurs d'époux et des entrailles de père... Femme et enfants accoururent à lui, tout étonnés de son retour :

Vanni s'efforça de leur sourire, leur annonça qu'il partait avec le roi; mais, comme le départ n'aurait probablement lieu que dans la nuit, à cause du vent contraire, il était venu chercher des papiers importants que, dans son empressement à quitter Naples, il n'avait pas eu le temps de réunir.

C'était ce soin, auquel il allait se livrer, disait-il, qui le ramenait.

Vanni embrassa sa femme et ses enfants, entra dans son cabinet et s'y renferma.

Il venait de prendre une résolution terrible : celle de se tuer.

Il se promena quelque temps, passant de son cabinet dans sa chambre à coucher, qui communiquaient l'une avec l'autre, flottant entre les différents genres de mort qu'il se trouvait avoir sous la main, la corde, le pistolet, le rasoir.

Enfin, il s'arrêta au rasoir.

Il s'assit devant son bureau, plaça en face de lui une petite glace, puis, à côté de la petite glace, son rasoir.

Après quoi, trempant dans l'encre cette plume qui tant de fois avait demandé la mort d'autrui, il rédigea en ces termes son propre arrêt de mort :

« L'ingratitude dont je suis victime, l'approche d'un ennemi terrible, l'absence d'asile, m'ont déterminé à m'enlever la vie, qui, désormais, est pour moi un fardeau.

» Que l'on n'accuse personne de ma mort et qu'elle serve d'exemple aux inquisiteurs d'État. »

Au bout de deux heures, la femme de Vanni, inquiète de ne point voir se rouvrir la chambre de son mari, inquiète surtout de n'entendre aucun bruit dans cette chambre, quoique plusieurs fois elle eût écouté, frappa à la porte.

Personne ne lui répondit.

Elle appela : même silence.

On essaya de pénétrer par la porte de la chambre à coucher : elle était fermée, comme celle du cabinet.

Un domestique offrit alors de casser un carreau et d'entrer par la fenêtre.

On n'avait que ce moyen ou celui de faire ouvrir la porte par un serrurier.

On redoutait un malheur : la préférence fut donnée au moyen proposé par le domestique.

Le carreau fut cassé, la fenêtre ouverte : le domestique entra.

Il jeta un cri et recula jusqu'à la fenêtre.

Vanni était renversé sur un bras de son fauteuil, en arrière, la gorge ouverte. Il s'était tranché la carotide avec son rasoir, tombé près de lui.

Le sang avait jailli sur ce bureau où tant de fois le sang avait été demandé ; le miroir devant lequel Vanni s'était ouvert l'artère en était rouge ; la lettre où il donnait la cause de son suicide en était souillée.

Il était mort presque instantanément, sans se débattre, sans souffrir.

Dieu, qui avait été sévère envers lui au point de ne lui laisser que la tombe pour refuge, avait du moins été miséricordieux pour son agonie.

« Du sang des Gracques, a dit Mirabeau, naquit Marius. » Du sang de Vanni naquit Speciale.

Il eût peut-être été mieux, pour l'unité de notre livre, de ne faire de Vanni et de Speciale qu'un seul homme ; mais l'inexorable histoire est là, qui nous force à constater que Naples a fourni à son roi deux Fouquier-Tinville, quand la France n'en avait donné qu'un à la Révolution.

L'exemple qui aurait dû survivre à Vanni fut

perdu. Il manque parfois de bourreaux pour exécuter les arrêts, jamais de juges pour les rendre.

Le lendemain, vers trois heures de l'après-midi, le temps s'étant éclairci et le vent étant devenu favorable, les vaisseaux anglais, ayant appareillé, s'éloignèrent et disparurent à l'horizon.

II

LA TRÊVE.

Le départ du roi, auquel on s'attendait cependant depuis deux jours, laissa Naples dans la stupeur. Le peuple, pressé sur les quais, et qui avait toujours espéré, tant qu'il avait vu les vaisseaux anglais à l'ancre, que le roi changerait d'avis et se laisserait toucher par ses prières et ses promesses de dévouement, resta jusqu'à ce que le dernier bâtiment se fût confondu avec l'horizon grisâtre, et, une fois le dernier bâtiment disparu, s'écoula triste et silencieux. On en était encore à la période de prostration.

Le soir, une voix étrange courut par les rues de

Naples. Nous nous servons de la forme napolitaine, qui exprime à merveille notre pensée. Ceux qui se rencontraient se disaient les uns aux autres : « Le feu ! » et personne ne savait où était ce feu ni ce qui le causait.

Le peuple se rassembla de nouveau sur le rivage. Une épaisse fumée, partant du milieu du golfe, montait au ciel, inclinée de l'ouest vers l'est.

C'était la flotte napolitaine qui brûlait par l'ordre de Nelson et par les soins du marquis de Nezza.

C'était un beau spectacle ; mais il coûtait cher !

On livrait aux flammes cent vingt barques canonnières.

Ces cent vingt barques brûlées en un seul et immense bûcher, on vit sur un autre point du golfe, — où, à quelque distance les uns des autres, étaient à l'ancre deux vaisseaux et trois frégates, — on vit tout à coup un rayon de flamme courir d'un bâtiment à l'autre, puis les cinq bâtiments prendre feu à la fois, et cette flamme, qui d'abord avait glissé à la surface de la mer, s'étendre le long des flancs des vaisseaux, et, dessinant leurs formes, monter le long des mâts, suivre les vergues, les câbles goudronnés, les hunes, s'élancer enfin jusqu'au sommet des mâts, où flottaient les flammes de guerre, puis, après quelques instants de cette fantastique illumination, les vaisseaux tomber en cendre, s'éteindre et disparaître engloutis dans les flots.

C'était le résultat de quinze ans de travaux, c'étaient des sommes immenses qui venaient d'être anéanties en une soirée, et cela, sans aucun but, sans aucun résultat. Le peuple rentra dans la ville comme en un jour de fête, après un feu d'artifice ; seulement, le feu d'artifice avait coûté cent vingt millions !

La nuit fut sombre et silencieuse ; mais c'était un de ces silences qui précèdent les irruptions du volcan. Le lendemain, au point du jour, le peuple se répandit dans les rues, bruyant, menaçant, tumultueux.

Les bruits les plus étranges couraient. On racontait qu'avant de partir la reine avait dit à Pignatelli :

— Incendiez Naples s'il le faut. Il n'y a de bon à Naples que le peuple. Sauvez le peuple et anéantissez le reste.

On s'arrêtait devant des affiches sur lesquelles était inscrite cette recommandation :

« Aussitôt que les Français mettront le pied sur le sol napolitain, toutes les communes devront s'insurger en masse, et le massacre commencera.

» Pour le roi :

» PIGNATELLI, *vicaire général.* »

Au reste, pendant la nuit du 23 au 24 décembre, c'est-à-dire pendant la nuit qui avait suivi le départ du roi, les représentants de *la ville* s'étaient réunis pour pourvoir à la sûreté de Naples.

On appelait *la ville* ce que, de nos jours, on appellerait la municipalité, c'est-à-dire sept personnes élues par les *sedili*.

Les *sedili* étaient les titulaires de priviléges qui remontaient à plus de huit cents ans.

Lorsque Naples était encore ville et république grecque, elle avait, comme Athènes, des portiques où se réunissaient, pour causer des affaires publiques, les riches, les nobles, les militaires.

Ces portiques étaient son agora.

Sous ces portiques, il y avait des siéges circulaires appelés *sedili*.

Le peuple et la bourgeoisie n'étaient point exclus de ces portiques; mais, par humilité, ils s'en excluaient eux-mêmes, et les laissaient à l'aristocratie, qui, comme nous l'avons dit, y délibérait sur les affaires de l'État.

Il y eut d'abord quatre sedili, autant que Naples avait de quartiers, puis six, puis dix, puis vingt.

Ces sedili, enfin, s'élevèrent jusqu'à vingt-neuf; mais, s'étant confondus les uns avec les autres, ils furent réduits définitivement à cinq, qui prirent les noms des localités où ils se trouvaient, c'est-à-dire de Capuana, de Montagna, de Nido, de Porto et de Porta-Nuova.

Les sedili acquirent une telle importance, que Charles d'Anjou les reconnut comme des puissances dans le gouvernement. Il leur accorda le privilége de représenter la capitale et le royaume, de nommer parmi eux les membres du conseil municipal de Naples, d'administrer les revenus de la ville, de concéder le droit de citoyen aux étrangers et d'être juges dans certaines causes.

Peu à peu, un peuple et une bourgeoisie se formèrent. Ce peuple et cette bourgeoisie, en voyant les nobles, les riches et les militaires seuls administrateurs des affaires de tous, demandèrent à leur tour un *seggio* ou *sedile*, qui leur fut accordé, et l'on nomma le sedile du peuple.

Sauf la noblesse, ce sedile eut les mêmes priviléges que les cinq autres.

La municipalité de Naples se forma alors d'un syndic et de six élus, un par sedile. Vingt-neuf membres choisis dans les mêmes réunions, et rappelait les vingt-neuf sedili qui, un instant, avaient existé dans la ville, leur furent adjoints.

Ce furent donc, le roi parti, le syndic, ces dix élus et ces vingt-neuf adjoints formant la cité, qui se réunirent et qui prirent, comme première mesure, la résolution de former une garde nationale et d'élire quatorze députés ayant mission de prendre la défense et les intérêts de Naples, dans les événements encore inconnus, mais, à coup sûr, graves, qui se préparaient.

Qne nos lecteurs excusent la longueur de nos explications : nous les croyons nécessaires à l'intelligence des faits qui nous restent à raconter, et sur lesquels l'ignorance de la constitution civile de Naples et des droits et des priviléges des Napolitains jetterait une certaine obscurité, puisque l'on assisterait à cette grande lutte de la royauté et du peuple, sans connaître, nous ne dirons pas les forces, mais les droits de chacun d'eux.

Donc, le 24 décembre, c'est-à-dire le lendemain du départ du roi, tandis qu'ils étaient occupés de l'élection de leurs quatorze députés, *la ville* et la magistrature allèrent présenter leurs hommages à M. le vicaire général prince Pignatelli.

Le prince Pignatelli, homme médiocre dans toute la force du terme, fort au-dessous de la situation que les événements lui faisaient, et, comme toujours, d'autant plus orgueilleux, qu'il était plus inférieur à sa position, — le prince Pignatelli les reçut avec une telle insolence, que la députation se demanda si les prétendues instructions que l'on disait laissées par la reine n'étaient pas réelles, et si la reine n'avait point lancé, en effet, l'acte fatal qui faisait trembler les Napolitains.

Sur ces entrefaites, les quatorze députés, ou plutôt représentants, que la ville devait élire, avaient été élus. Ils résolurent, comme premier acte constatant leur nomination et leur existence, malgré le médiocre succès de la première ambassade, d'en envoyer une seconde au prince Pignatelli, ambassade qui serait particulièrement chargée de lui démontrer l'utilité de la garde nationale, que la ville venait de décréter.

Mais le prince Pignatelli fut encore plus rogue et plus brutal cette fois que la première, répondant aux députés qui lui étaient adressés que c'était à lui, et non pas à eux, que la sécurité de la ville avait été confiée, et qu'il rendrait compte de cette sécurité à qui de droit.

Il arriva ce qui, d'habitude, arrive dans les circonstances où les pouvoirs populaires commencent, en vertu de leurs droits, à exercer leurs fonctions. La ville, à laquelle il fut rendu compte de la réponse insolente du vicaire général, ne se laissa aucunement intimider par cette réponse. Elle nomma de nouveaux députés qui, une troisième fois, se présentèrent devant le prince, et qui, voyant qu'il leur parlait plus grossièrement encore cette troisième fois que les deux premières, se contentèrent de lui répondre :

— Très bien ! Agissez de votre côté, nous agirons du nôtre, et nous verrons en faveur de qui le peuple décidera.

Après quoi, ils se retirèrent.

On en était à Naples à peu près où en avait été la France après le serment du Jeu-de-Paume ; seulement, la situation était plus nette pour les Napolitains, le roi et la reine n'étant plus là.

Deux jours après, la ville reçut l'autorisation de former la garde nationale qu'elle avait décrétée.

Mais, dans la manière de la former, bien plus encore que dans l'autorisation accordée ou refusée par le prince Pignatelli, était la difficulté.

Le mode de formation était l'enrôlement ; mais l'enrôlement n'était point l'organisation.

La noblesse, habituée, à Naples, à occuper toutes les charges, avait la prétention, dans le nouveau corps qui s'organisait, d'occuper tous les grades ou, du moins, de ne laisser à la bourgoisie que les grades inférieurs, dont elle ne se souciait pas.

Enfin, après trois ou quatre jours de discussion, il fut convenu que les grades seraient également répartis entre les bourgeois et les nobles.

Sur cette base, un bon plan fut établi, et, en moins

de trois jours, les enrôlements montèrent à quatorze mille.

Mais, à cette heure que l'on avait les hommes, il s'agissait de se procurer les armes. Ce fut à cet endroit que l'on rencontra, de la part du vicaire général, une opposition obstinée.

A force de lutter, on obtint une première fois cinq cents fusils, et une seconde fois deux cents.

Alors les patriotes, le mot circulait déjà hautement, — les patriotes furent invités à prêter leurs armes, les patrouilles commencèrent immédiatement, et la ville prit un certain air de tranquillité.

Mais tout à coup, et au grand étonnement de chacun, on apprit à Naples qu'une trêve de deux mois, dont la première condition devait être la reddition de Capoue, avait été signée la veille, c'est-à-dire le 9 janvier 1799, à la demande du général Mack, entre le prince de Migliano et le duc de Geno, d'un côté, pour le compte du gouvernement, représenté par le vicaire général, et le commissaire ordonnateur Archambal, de l'autre, pour l'armée républicaine.

La trêve était arrivée à merveille pour tirer Championnet d'un grand embarras. Les ordres donnés par le roi pour le massacre des Français avaient été suivis à la lettre. Outre les trois grandes bandes de Pronio, de Mammone et de Fra-Diavolo que nous avons vues à l'œuvre, chacun s'était mis en chasse des Français. Des milliers de paysans couvraient les routes, peuplaient les bois et la montagne, et, embusqués derrière les arbres, cachés derrière les rochers, couchés dans les plis du terrain, massacraient impitoyablement tous ceux qui avaient l'imprudence de rester en arrière des colonnes ou de s'éloigner de leurs campements. En outre, les troupes du général Naselli, de retour de Livourne, réunies aux restes de la colonne de Damas, s'étaient embarquées dans le but de descendre aux bouches du Garigliano et d'attaquer les Français par derrière, tandis que Mack leur présenterait la bataille de front.

La position de Championnet, perdu avec ses deux mille soldats au milieu de trente mille soldats révoltés, et ayant affaire à la fois à Mack, qui tenait Capoue avec 15,000 hommes, à Naselli, qui en avait 8,000, à Damas, à qui il en restait 5,000, et à Rocca-Romana et à Maliterno, chacun avec son régiment de volontaires, était assurément fort grave.

Le corps d'armée de Macdonald avait voulu prendre Capoue par surprise. En conséquence, il s'était avancé nuitamment, et il enveloppait déjà le fort avancé de Saint-Joseph, lorsqu'un artilleur, entendant du bruit et voyant des hommes se glisser dans l'obscurité, avait mis le feu à sa pièce et tiré au hasard, mais, en tirant au hasard, avait donné l'alarme.

D'un autre côté, les Français avaient tenté de passer le Volturne au gué de Caïazzo ; mais ils avaient été repoussés par Rocca-Romana et ses volontaires. Rocca-Romana avait fait des merveilles dans cette occasion.

Championnet avait aussitôt donné l'ordre à son armée de se concentrer autour de Capoue, qu'il voulait prendre, avant de marcher sur Naples. L'armée accomplit son mouvement. Ce fut alors qu'il vit son isolement et comprit dans toute son étendue le danger de la situation. Il en était à chercher, dans quelqu'un de ces actes d'énergie qu'inspire le désespoir, le moyen de sortir de cette position, en intimidant l'ennemi par quelque coup d'éclat, lorsque, tout à coup et au moment où il s'y attendait le moins, il vit s'ouvrir les portes de Capoue et s'avancer au-devant de lui, précédés de la bannière parlementaire, quelques officiers supérieurs chargés de proposer l'armistice.

Ces officiers supérieurs, qui ne connaissaient pas Championnet, étaient, comme nous l'avons dit, le prince de Migliano et le duc de Geno.

L'armistice, était-il dit dans les préliminaires, avait pour objet d'arriver à la conclusion d'une paix solide et durable.

Les conditions que les deux plénipotentaires napolitains étaient autorisés à proposer étaient la reddition de Capoue et le tracé d'une ligne militaire, de chaque côté de laquelle les deux armées napolitaine et française attendraient chacune la décision de leur gouvernement.

Dans la situation où était Championnet, de telles conditions étaient non-seulement acceptables, mais avantageuses. Cependant Championnet les repoussa, disant que les seules conditions qu'il pût écouter étaient celles qui auraient pour résultat la soumission des provinces et la reddition de Naples.

Les plénipotentiaires n'étaient point autorisés à aller jusque-là; ils se retirèrent.

Le lendemain, ils revinrent avec les mêmes propositions, qui, comme la veille, furent repoussées.

Enfin, deux jours après, deux jours pendant lesquels la situation de l'armée française, enveloppée de tous côtés, n'avait fait qu'empirer, le prince de Migliano et le duc de Geno revinrent pour la troisième fois et déclarèrent qu'ils étaient autorisés à accorder toute condition qui ne serait point la reddition de Naples.

Cette nouvelle concession des plénipotentaires napolitains était si étrange dans la situation où se trouvait l'armée française, que Championnet crut à quelque embûche, tant elle était avantageuse. Il réunit ses généraux, prit leur avis : l'avis unanime fut d'accorder l'armistice.

L'armistice fut donc accordé, pour trois mois, et aux conditions suivantes :

Les Napolitains rendraient la citadelle de Capoue avec tout ce qu'elle contenait;

Une contribution de deux millions et demi de ducats serait levée pour couvrir les dépenses de la guerre à laquelle l'agression du roi de Naples avait forcé la France;

Cette somme serait payable en deux fois : moitié le 15 janvier, moitié le 25 du même mois;

Une ligne était tracée de chaque côté de laquelle se tenaient les deux armées.

Cette trêve fut un objet d'étonnement pour tout le monde, même pour les Français, qui ignoraient quels motifs l'avaient fait conclure. Elle prit le nom de Sparanisi, du nom du village où elle fut conclue, et signée le 10 du mois de décembre.

Nous qui connaissons les motifs qui la firent conclure et qui furent révélés depuis, disons-les.

III

LES TROIS PARTIS DE NAPLES AU COMMENCEMENT DE L'ANNÉE 1789.

Notre livre — on a dû depuis longtemps s'en apercevoir — est un récit historique dans lequel se trouve, comme par accident, mêlé l'élément dramatique; mais cet élément romanesque, au lieu de diriger les événements et de les faire plier sous lui, se soumet entièrement à l'exigence des faits et ne transparaît en quelque sorte que pour relier les faits entre eux.

Ces faits sont si curieux, les personnages qui les accomplissent si étranges, que, pour la première fois depuis que nous tenons une plume, nous nous sommes plaint de la richesse de l'histoire, qui l'emportait sur notre imagination. Nous ne craignons donc pas, lorsque la nécessité l'exige, d'abandonner pour quelques instants, nous ne disons pas le récit fictif, — tout est vrai dans ce livre, — mais le récit pittoresque, et de souder Tacite à Walter Scott. Notre seul regret, et l'on en comprendra l'étendue, est de ne pas posséder à la fois la plume de l'historien romain et celle du romancier écossais; car, avec les éléments qui nous étaient donnés, nous eussions écrit un chef-d'œuvre.

Nous avons à faire connaître à la France une révolution qui lui est encore à peu près inconnue, parce qu'elle s'est accomplie dans un temps où sa propre révolution absorbait son attention tout entière, et ensuite parce qu'une partie des événements que nous racontons, par les soins du gouvernement qui les opprimait, était inconnue aux Napolitains eux-mêmes.

Ceci posé, nous reprenons notre narration et nous allons consacrer quelques lignes à l'explication de cette trêve de Sparanisi, qui, le 10 décembre, jour où elle fut connue, faisait l'étonnement de Naples.

Nous avons dit comment *la ville* avait nommé des représentants, comment elle avait été elle-même trouver le vicaire général, comment elle lui avait envoyé des députés.

Le résultat de ces allées et venues avait été d'établir que le prince Pignatelli représentait le pouvoir absolu du roi, pouvoir vieilli, mais encore dans toute sa puissance, et *la ville*, le pouvoir populaire, naissant, mais ayant déjà la conscience de droits qui ne devaient être reconnus que soixante ans plus tard. Ces deux pouvoirs, naturellement antipathiques et agressifs, avaient compris qu'ils ne pouvaient marcher ensemble. Cependant, le pouvoir populaire avait remporté une victoire sur le pouvoir royal : c'était la création de la garde nationale.

Mais, à côté de ces deux partis, représentant, l'un l'absolutisme royal, l'autre la souveraineté populaire, il en existait un troisième qui était, si nous pouvons nous exprimer ainsi, le parti de l'intelligence.

C'était le parti français, dont nous avons, dans un des premiers chapitres de ce livre, présenté les principaux chefs à nos lecteurs.

Celui-là, connaissant l'ignorance des basses classes à Naples, la corruption de la noblesse, le peu de fraternité de la bourgeoisie, à peine née et n'ayant jamais été appelée au maniement des affaires, — celui-là croyait les Napolitains incapables de rien faire par eux-mêmes et voulait à toute force l'invasion française, sans laquelle, à son avis, on se consumerait en dissensions civiles et en querelles intestines.

Il fallait donc, pour fonder un gouvernement durable à Naples, — et ce gouvernement, selon les hommes de ce parti, devait être une république, — il fallait donc, pour fonder une république, la main ferme et surtout loyale de Championnet.

Ce parti-là seul savait fermement et clairement ce qu'il voulait.

Quant au parti royaliste et au parti national, que les utopistes nourrissaient l'espoir de réunir en un seul, tout était trouble chez eux, et le roi ne savait pas plus les concessions qu'il devait faire que le peuple les droits qu'il devait exiger.

Le programme des républicains était simple et clair : Le gouvernement du peuple par le peuple, c'est-à-dire par ses élus.

Une des choses bizarres de notre pauvre monde, c'est que ce soient toujours les choses les plus claires qui ont le plus de difficulté à s'établir.

Laissés libres d'agir par le départ du roi, les chefs du parti républicain s'étaient réunis, non plus au palais de la reine Jeanne, — un si grand mystère devenait inutile, quoique l'on dût garder encore certaines précautions, — mais à Portici, chez Schipani.

Là, il avait été décidé que l'on ferait tout au monde pour faciliter l'entrée des Français à Naples, et pour fonder, à l'abri de la république française, la république parthénopéenne.

Mais, de même que la ville avait appelé à son aide des députés, de même les chefs républicains avaient ouvert les portes de leurs conciliabules à un certain nombre d'hommes de leur parti, et, comme tout se décidait à la pluralité des voix, les quatre chefs, débordés, — l'emprisonnement de Nicolino au fort Saint-Elme et l'absence d'Hector Caraffa réduisaient le nombre des chefs républicains à quatre, — les quatre chefs, débordés, n'avaient plus été assez puissants pour conduire les délibérations et diriger les décisions.

Il fut donc, dans le club républicain de Portici, décidé à l'unanimité moins quatre voix, qui étaient celles de Cirillo, de Manthonnet, de Schipani et de Velasco, que l'on ouvrirait des négociations avec Rocca-Romana, qui venait de se distinguer contre les Français dans le combat de Caïazzo, et Maliterno, qui venait de donner de nouvelles preuves de cet ardent courage qu'il avait, en 1796, montré dans le Tyrol.

Et, en effet, des propositions leur furent faites, par lesquelles on offrait à chacun d'eux une haute position dans le nouveau gouvernement qui allait se créer à Naples, s'ils voulaient se réunir au parti républicain. Le parlementaire chargé de cette négociation fit chaudement valoir près des deux colonels les malheurs qui pouvaient rejaillir sur Naples de la retraite des Français, et, soit ambition, soit patriotisme, les deux nobles consentirent à pactiser avec les républicains.

Mack et Pignatelli étaient donc les seuls hommes qui s'opposassent à la régénération de Naples; puisque, sans aucun doute, Mack et Pignatelli, c'est-à-dire le pouvoir civil et le pouvoir militaire disparus, le parti national, séparé de lui par des nuances seulement, se réunirait au parti républicain.

Nous empruntons les détails suivants, que nos lecteurs ne trouveront ni dans Cuoco, écrivain consciencieux, mais homme de parti pris sans s'en douter lui-même, ni dans Colletta, écrivain partial et passionné, qui écrivait loin de Naples et sans autres renseignements que ses souvenirs de haine ou de sympathie, — nous empruntons, disons-nous, les détails suivants aux *Mémoires pour servir à la dernière révolution de Naples,* ouvrage très-rare et très-curieux, publié en France en 1803.

L'auteur, Bartolomeo N***, est Napolitain, et, avec la naïveté de l'homme qui n'a qu'une notion confuse du bien et du mal, il raconte les faits en l'honneur de ses compatriotes comme ceux qui sont à leur déshonneur. C'est une espèce de Suétone qui écrit *ad narrandum, non ad probandum.*

« Une entrevue eut lieu alors, dit-il, entre le prince de Maliterno et un des chefs du parti jacobin de Naples, que je ne nomme pas, de peur de le compromettre (1). Dans cette entrevue, il fut convenu que, dans le courant de la nuit du 10 décembre, on assassinerait Mack au milieu de Capoue, que Maliterno prendrait immédiatement le commandement de l'armée, et enverrait devant les murs du palais royal de Naples un de ses officiers, qui chercherait un conjuré facile à reconnaitre à son signalement d'abord, et ensuite à un mot d'ordre convenu. Ce conjuré, certain de la mort de Mack, pénétrerait sous prétexte de visite amicale jusqu'au prince Pignatelli, *et l'assassinerait, comme on aurait assassiné Mack*. Aussitôt, on s'emparerait du Château-Neuf, sur le commandant duquel on pouvait compter; puis on prendrait toutes les mesures nécessaires à un changement de gouvernement, et l'on ferait, avec les Français, devenus des frères, la paix la plus avantageuse qui serait possible. »

L'envoyé de Capoue se trouva à l'heure dite devant le palais royal et y trouva les conjurés; seulement, au lieu d'avoir à leur annoncer la mort de Mack, il avait à leur annoncer l'arrestation de Maliterno.

---

(1) Nous avons donc pu dire hardiment que ce chef du parti jacobin n'était ni Cirillo, ni Schipani, ni Manthonnet, ni Velasco, ni Ettore Caraffa, puisqu'en 1803, époque à laquelle Bartolomeo N... écrivait son livre, les quatre premiers étaient pendus et le dernier décapité.

Mack, ayant eu quelque révélation du complot, avait, dès la veille, fait arrêter Maliterno; mais les patriotes de Capoue, en communication avec ceux de Naples, avaient soulevé le peuple en faveur de Maliterno. Maliterno, en conséquence, avait été relâché, mais envoyé, par le général Mack, à Sainte-Marie.

La conspiration était éventée, et il devenait inutile, Mack vivant, de se débarrasser de Pignatelli.

Mais Pignatelli, averti par Mack, sans aucun doute, du complot dont tous deux avaient failli être victimes, avait pris peur et avait envoyé le prince de Migliano et le duc de Geno pour conclure un armistice avec les Français.

Et voilà pourquoi Championnet, au moment où il s'y attendait le moins et devait le moins s'y attendre, avait vu s'ouvrir les portes de Capoue et venir à lui les deux envoyés du vicaire général.

Maintenant, une courte explication à l'endroit des mots que nous avons soulignés tout à l'heure et qui ont rapport à l'assassinat de Mack et à celui de Pignatelli.

Ce serait un grand tort aux moralistes français, et ce serait surtout le tort d'hommes qui ne connaîtraient pas l'Italie méridionale, d'examiner l'assassinat à Naples et dans les provinces napolitaines au point de vue où nous l'examinons en France. Naples, et même la haute Italie, ont des noms différents pour désigner l'assassinat, selon qu'il s'exécute sur un individu ou sur un despote.

En Italie, il y a l'homicide et le tyrannicide.

L'homicide est l'assassinat d'individu à individu ;
Le tyrannicide est l'assassinat du citoyen au tyran ou à l'agent du despotisme.

Nous avons vu, au reste, des peuples du Nord — et nous citerons les Allemands — partager cette grave erreur morale.

Les Allemands ont presque élevé des autels à Karl Sand, qui a assassiné Kotzebüe, et à Staps, qui a tenté d'assassiner Napoléon.

Le meurtrier inconnu de Rossi et Agésilas Milano, qui a tenté de tuer d'un coup de baïonnette le roi Ferdinand II au milieu d'une revue, sont considérés à Rome et à Naples, non point comme des assassins, mais comme des tyrannicides.

Cela ne justifie pas, mais explique les attentats des Italiens.

Sous quelque despotisme qu'ait été courbée l'Italie, l'éducation des Italiens a toujours été classique et, par conséquent, républicaine.

Or, l'éducation classique glorifie l'assassinat politique, que nos lois flétrissent, que notre conscience réprouve.

Et cela est si vrai, que non-seulement la popularité de Louis-Philippe s'est soutenue, grâce aux nombreux attentats dont il a failli être victime pendant dix-huit ans de règne, mais encore qu'elle s'en était accrue.

Faites dire en France une messe en l'honneur de Fieschi, d'Alibaud, de Lecomte, à peine si une vieille mère, une sœur pieuse, un fils innocent du crime paternel, oseront y assister.

A chaque anniversaire de la mort de Milano, une messe se dit à Naples pour le salut de son âme; à chaque anniversaire, l'église déborde dans la rue.

Et, en effet, l'histoire glorieuse de l'Italie est comprise entre la tentative de meurtre de Mucius Scœvola sur le roi des Étrusques et l'assassinat de César par Brutus et Cassius.

Et que fait le Sénat, de l'aveu duquel Mucius Scœvola allait tenter le meurtre de Porsenna, lorsque le meurtrier, gracié par l'ennemi de Rome, rentre à Rome avec son bras brûlé?

Au nom de la République, il vote une récompense à l'assassin, et, au nom de la République, qu'il a sauvée, lui donne un champ.

Que fait Cicéron, qui passe à Rome pour l'honnête homme par excellence, lorsque Brutus et Cassius assassinent César?

Il ajoute un chapitre à son livre *De officiis* pour prouver que, lorsqu'un membre de la société est nuisible à la société, chaque citoyen, se faisant chirurgien politique, a le droit de retrancher ce membre du corps social.

Et il résulte de ce que nous venons de dire que, si nous croyions orgueilleusement que notre livre a une importance qu'il n'a pas, nous inviterions les philosophes et même les juges à peser ces considérations, que ne songent à faire valoir ni les avocats ni les prévenus eux-mêmes, chaque fois qu'un Italien, et surtout un Italien des provinces méridionales, se trouvera mêlé à quelque tentative d'assassinat politique.

La France seule est assez avancée en civilisation pour placer sur le même rang Louvel et Lacenaire, et, si elle fait une exception en faveur de Charlotte Corday, c'est à cause de l'horreur physique et morale qu'inspirait le batracien Marat.

IV

OU CE QUI DEVAIT ARRIVER ARRIVE.

L'armistice fut, comme nous l'avons dit, signé le 10 décembre, et la ville de Capoue fut, ainsi que la chose avait été convenue, remise aux Français le 11.

Le 13, le prince Pignatelli fit venir au palais les représentants de la ville.

Cet appel avait pour but de les inviter à trouver le moyen de répartir, entre les grands propriétaires et les principaux négociants de Naples, la moitié de la contribution de deux millions et demi de ducats qui devait être payée le surlendemain. Mais les députés, qui pour la première fois étaient bien accueillis, refusèrent positivement de se charger de cette impopulaire mission, disant que cela ne les regardait aucunement, et que c'était à celui qui avait pris l'engagement de le tenir.

Le 14, — les événements vont devenir quotidiens

et de plus en plus graves, de sorte que nous n aurons qu'à les noter jusqu'au 20, — le 14, les 8,000 hommes du général Naselli, rembarqués aux bouches du Volturne, entrèrent dans le golfe de Naples avec leurs armes et leurs munitions.

On pouvait prendre ces 8,000 hommes, les placer sur la route de Capoue à Naples, les faire soutenir par 30,000 lazzaroni, et rendre ainsi la ville imprenable.

Mais le prince Pignatelli, manquant de toute popularité, ne se regardait point, à juste titre, comme assez fort pour prendre une pareille résolution, que rendait cependant urgente la prochaine rupture de l'armistice. Nous disons prochaine, car, si les cinq millions, dont le premier sou n'était point trouvé, n'étaient pas prêts le lendemain, l'armistice était rompu de droit.

D'un autre côté, les patriotes désiraient la rupture de cet armistice, qui empêchait les Français, leurs frères d'opinion, de marcher sur Naples.

Le prince Pignatelli ne prit aucune mesure à l'endroit des 8,000 hommes qui entraient dans le port; ce que voyant les lazzaroni, ils montèrent sur toutes les barques qui bordaient le rivage, depuis le pont de la Madeleine jusqu'à Mergellina, voguèrent vers les felouques et s'emparèrent des canons, des fusils et des munitions des soldats, qui se laissèrent désarmer sans opposer aucune résistance.

Inutile de dire que nos amis Michele, Pagliuccella et fra Pacifico se trouvaient naturellement à la tête de cette expédition, grâce à laquelle leurs hommes se trouvèrent admirablement armés.

Quand ils se virent si bien armés, les huit mille lazzaroni se mirent à crier : « Vive le roi! vive la religion! » et : « Mort aux Français! »

Quant aux soldats, ils furent mis à terre et eurent permission de se retirer où ils voulaient.

Au lieu de se retirer, ils se réunirent aux groupes et crièrent plus haut que les autres : « Vive le roi! vive la religion! » et : « Mort aux Français! »

En apprenant ce qui se passait et en entendant ces cris, le commandant du Château-Neuf, Massa, comprit qu'il ne tarderait probablement pas à être attaqué, et il envoya un de ses officiers, le capitaine Simonei, pour demander, en cas d'attaque, quelles étaient les instructions du vicaire général.

— Défendez le château, répondit le vicaire général; mais gardez-vous bien de faire aucun mal au peuple.

Simonei rapporta au commandant cette réponse, qui, au commandant comme à lui, parut singulièrement manquer de clarté.

Et, en effet, il était difficile, on en conviendra, de

défendre le château contre le peuple, sans faire de mal au peuple.

Le commandant renvoya le capitaine Simonei pour demander une réponse plus positive.

— Faites feu à poudre, lui fut-il répondu : cela suffira pour disperser la multitude.

Simonei se retira en levant les épaules ; mais, sur la place du palais, il fut rejoint par le duc de Geno, l'un des négociateurs de l'armistice de Sparanisi, qui lui ordonna, de la part du prince Pignatelli, de ne pas faire feu du tout.

De retour au Château-Neuf, Simonei raconta ses deux entrevues avec le vicaire général ; mais, au moment même où il entamait son récit, une foule immense se précipita vers le château, brisa la première porte, et s'empara du pont en criant : « La bannière royale ! la bannière royale ! »

En effet, depuis le départ du roi, la bannière royale avait disparu de dessus le château, comme, en l'absence du chef de l'État, le drapeau disparaît du dôme des Tuileries.

La bannière royale fut déployée selon le désir du peuple.

Alors, la foule, et particulièrement les soldats qui venaient de se laisser désarmer, demandèrent des armes et des munitions.

Le commandant répondit que, ayant les armes et les munitions en compte et sous sa responsabilité, il ne pouvait délivrer ni un seul fusil ni une seule cartouche, sans l'ordre du vicaire général.

Que l'on vînt avec un ordre du vicaire général, et il était prêt à tout donner, même le château.

Mais, tandis que l'inspecteur de la cantine Minichini, parlementait avec le peuple, le régiment samnite, qui avait la garde des portes, les ouvrit au peuple.

La foule se précipita dans le château et en chassa le commandant et les officiers.

Le même jour et à la même heure, comme si c'était un mot d'ordre, — et probablement, en effet, en était-ce un, — les lazzaroni s'emparèrent des trois autres châteaux, Saint-Elme, de l'Œuf et del Carmine.

Était-ce mouvement instantané du peuple? était-ce impulsion du vicaire général, qui voyait dans la dictature populaire un double moyen de neutraliser les projets des patriotes et d'exécuter les instructions incendiaires de la reine?

La chose demeura un mystère; mais, quoique les causes restassent cachées, les faits furent visibles.

Le lendemain 15 janvier, vers deux heures de

l'après-midi, cinq calèches chargées d'officiers français, parmi lesquels se trouvait l'ordonnateur général Archambal, signataire du traité de Sparanisi, entrèrent à Naples par la porte de Capoue et descendirent à l'*Albergo reale*.

Ils venaient pour recevoir les cinq millions qui devaient être payés à titre d'indemnité au général Championnet, et, comme il y a du caractère français partout où il y a des Français, pour aller au théâtre de Saint-Charles.

Immédiatement, le bruit se répandit qu'ils venaient prendre possession de la ville, que le roi était trahi et qu'il fallait venger le roi.

Qui avait intérêt à propager ce bruit? Celui qui, ayant cinq millions à payer, n'avait pas ces cinq millions pour faire honneur à sa parole, et qui, ne pouvant payer en argent, voulait trouver une défaite, si mauvaise et si coupable qu'elle fût.

Vers sept heures du soir, quinze ou vingt mille soldats ou lazzaroni armés se portèrent à l'*Albergo reale* en criant : « Vive le roi! vive la religion! mort aux Français! »

A la tête de ces hommes étaient ceux que l'on avait vus à la tête de l'émeute où avaient péri les frères della Torre, et de celle où le malheureux Ferrari avait été mis en morceaux, c'est-à-dire les Pasquale, les

Rinaldi, les Beccaïo. Quant à Michele, nous dirons plus tard où il était.

Par bonheur, Archambal était au palais, près de Pignatelli, qui essayait de le payer en belles paroles, ne pouvant le payer en argent.

Les autres officiers étaient au spectacle.

Tout ce peuple fanatisé se précipita vers Saint-Charles. Les sentinelles de la porte voulurent faire résistance et furent tuées. On vit tout à coup un flot de lazzaroni, hurlant et menaçant, se répandre dans le parterre.

Les cris de «Mort aux Français!» retentissaient dans la rue, dans les corridors, dans la salle.

Que pouvaient douze ou quinze officiers armés de leurs sabres seulement, contre des milliers d'assassins?

Des patriotes les enveloppèrent, leur firent un rempart de leurs corps, les poussèrent dans le corridor, ignoré du peuple et réservé au roi seul, qui conduisait de la salle au palais. Là, ils trouvèrent Archambal près du prince, et, sans avoir reçu un sou des cinq millions, mais après avoir couru le risque de la vie, ils reprirent le chemin de Capoue, protégés par un fort piquet de cavalerie.

A la vue de cette populace qui envahissait la salle,

les acteurs avaient baissé la toile et interrompu le spectacle.

Quant aux spectateurs, fort indifférents à ce qui pouvait arriver aux Français, ils ne songèrent qu'à se mettre en sûreté.

Ceux qui connaissent l'agilité des mains napolitaines peuvent se faire une idée du pillage qui eut lieu pendant cette invasion. Plusieurs personnes furent, en fuyant, étouffées aux portes de sortie, d'autres foulées aux pieds dans les escaliers.

Le pillage se continua dans la rue. Il fallait bien que ceux qui n'avaient pas pu entrer eussent leur part de l'aubaine.

Sous prétexte de s'assurer si elles ne cachaient pas des Français, toutes les voitures furent ouvertes et ceux qui étaient dedans dévalisés.

Les membres de la municipalité, les patriotes, les hommes les plus distingués de Naples essayèrent vainement de mettre de l'ordre parmi cette multitude, qui, courant par les rues, volait, dépouillait, assassinait; ce que voyant, d'un commun accord, ils se rendirent chez l'archevêque de Naples, monseigneur Capece Zurlo, homme fort estimé de tous, d'une grande douceur d'esprit, d'une grande régularité de mœurs, et le supplièrent de recourir au secours et, s'il le fallait, aux pompes de la religion, pour faire rentrer dans l'ordre toute cette abominable populace, qui roulait désordonnée et dévastatrice dans les rues de Naples comme un torrent de lave.

L'archevêque monta en carrosse découvert, mit des torches aux mains de ses domestiques, laboura, pour ainsi dire, cette multitude en tout sens, sans pouvoir faire entendre une seule parole, sa voix étant incessamment couverte par les cris de « Vive le roi! vive la religion! vive saint Janvier! mort aux jacobins! »

Et, en effet, le peuple, maître des trois châteaux, était maître de la ville entière, et il commença d'inaugurer sa dictature en organisant le meurtre et le pillage, sous les yeux mêmes de l'archevêque. Depuis Masaniello, c'est-à-dire depuis cent cinquante-deux ans, la cavale que le peuple de Naples a pour armes n'avait point été lâchée à sa fantaisie sans mors et sans selle. Elle s'en donnait à plaisir et rattrapait le temps perdu. Jusque-là, les assassinats avaient été, pour ainsi dire, accidentels; à partir de ce moment, ils furent régularisés.

Tout homme vêtu avec élégance, et portant ses cheveux coupés court, était désigné sous le nom de jacobin, et ce nom était un arrêt de mort. Les femmes des lazzaroni, toujours plus féroces que leurs maris aux jours de révolution, les accompagnaient, armées de ciseaux, de couteaux et de rasoirs, et exécutaient, au milieu des huées et des rires, sur les malheureux que condamnaient leurs maris, les mutilations les plus horribles et les plus obscènes. Dans ce moment de crise suprême, où la vie de tout ce qu'il y avait d'honnêtes gens à Naples ne tenait qu'à un caprice, à un mot, à un fil, quelques patriotes pensèrent à un reste de leurs amis prisonniers et oubliés par Vanni dans les cachots de la Vicaria et del Carmine. Ils se déguisèrent en lazzaroni, criant qu'il fallait délivrer les prisonniers pour accroître les forces d'autant de braves. La proposition fut accueillie par acclamation. On courut aux prisons, on délivra les prisonniers, mais, avec eux, cinq ou six mille forçats, vétérans de l'assassinat et du vol, qui se répandirent dans la ville et redoublèrent le tumulte et la confusion.

C'est une chose remarquable, à Naples et dans les provinces méridionales, que la part que prennent les forçats à toutes les révolutions. Comme les gouvernements despostiques qui se sont succédé dans l'Italie méridionale, depuis les vice-rois espagnols jusqu'à la chute de François II, c'est-à-dire depuis 1503 jusqu'en 1860, ont toujours eu pour premier principe de pervertir le sens moral, il en résulte que le galérien n'y inspire point la même répulsion que chez nons. Au lieu d'être parqués dans leurs bagnes et sans communication avec la société qui les a repoussés de son sein, ils sont mêlés à la population, qui ne les rend pas meilleurs et qu'ils rendent plus mauvaise. Leur nombre est immense, presque le double de celui de la France, et, à un moment donné, ils sont pour les rois, qui ne dédaignent pas leur alliance, un puissant et terrible secours à Naples, — et, par Naples, nous entendons toutes les provinces napolitaines. Il n'y a pas de galères à vie. Nous avons fait un calcul, bien facile à faire, du reste, qui nous a donné une moyenne de neuf ans pour les galères à vie. Ainsi, depuis 1799, c'est-à-dire depuis soixante-cinq ans, les portes des galères ont été ouvertes six fois, et toujours par la royauté, qui, en 1799, en 1806, en 1809, en 1821, en 1848 et en 1860, y recruta des champions. Nous verrons le cardinal Ruffo aux prises avec ces étranges auxiliaires, ne sachant comment s'en débarrasser, et, dans toutes les occasions, les poussant au feu.

J'avais pour voisins, pendant les deux ans et demi que j'ai passés à Naples, une centaine de forçats habitant une succursale du bagne située dans la même rue que mon palais. Ces hommes n'étaient employés à aucun travail et passaient leurs journées dans l'inaction la plus absolue. Aux heures fraîches de l'été, c'est-à-dire de six heures à dix heures du matin et de quatre à six heures du soir, ils se tenaient soit à cheval, soit accoudés sur le mur, regardant ce magnifique horizon qui n'a pour borne que la mer de Sicile, sur laquelle se découpe la sombre silhouette de Caprée.

— Quels sont ces hommes ? demandai-je un jour aux agents de l'autorité.

— *Gentiluomini* (des gentlemen), me répondit celui-ci.

— Qu'ont-ils fait ?

— *Nulla! hanno amazzato* (rien ! ils ont tué).

Et, en effet, à Naples, l'assassinat n'est qu'un geste, et le lazzarone ignorant, qui n'a jamais sondé les mystères de la vie et de la mort, ôte la vie et donne la mort sans avoir aucune idée, ni philosophique ni morale, de ce qu'il donne et de ce qu'il ôte.

Que l'on se figure donc le rôle sanglant que doivent jouer, dans les situations pareilles à celles où nous venons de montrer Naples, des hommes dont les prototypes sont les Mammone, qui boivent le sang de leurs prisonniers, et les La Gala, qui les font cuire et qui les mangent !

V

LE PRINCE DE MALITERNO.

Il fallait au plus tôt porter remède à la situation, ou Naples était perdue et les ordres de la reine étaient exécutés à la lettre, c'est-à-dire que la bourgeoisie et la noblesse disparaissaient dans un massacre général et qu'il ne restait que le peuple, ou plutôt que la populace.

Les députés de la ville, alors, se réunirent dans la vieille basilique de Saint-Laurent, dans laquelle tant de fois avaient été discutés les droits du peuple et ceux du pouvoir royal.

Le parti républicain, qui, nous l'avons vu, avait déjà été en relation avec le prince de Maliterno, et qui, d'après ses promesses, croyait pouvoir compter sur lui, faisant valoir son courage dans la campagne de 1796, et ce que, quelques jours auparavant encore, il venait de faire pour la défense de Capoue, le proposa comme général du peuple.

Les lazzaroni, qui venaient de le voir combattre contre les Français, n'eurent aucune défiance et accueillirent son nom par acclamation.

Son entrée était préparée pour se faire au milieu de l'enthousiasme général. Au moment où le peuple criait : « Oui ! oui ! Maliterno ! vive Maliterno ! mort aux Français ! mort aux jacobins ! » Maliterno parut à cheval et armé de pied en cap.

Le peuple napolitain est un peuple d'enfants, facile à se laisser prendre à des coups de théâtre. L'arrivée du prince, au milieu des bravos qui signalaient sa nomination, lui parut providentielle. A sa vue, les cris redoublèrent. On enveloppa son cheval, comme, la veille et le matin encore, on avait enveloppé le carrosse de l'archevêque, et chacun hurla, de cette voix qu'on n'entend qu'à Naples :

— Vive Maliterno ! vive notre défenseur ! vive notre père !

Maliterno descendit de cheval, laissa l'animal aux mains des lazzaroni et entra dans l'église de San-Lorenzo. Déjà accepté par le peuple, il fut proclamé dictateur par le municipe, revêtu de pouvoirs illimités, et libre de choisir lui-même son lieutenant.

Séance tenante, et avant même que Maliterno sortit de l'église, on annonça une députation chargée de se rendre près du vicaire général et de lui dire que *la ville* et le peuple ne voulaient plus obéir à un autre chef que celui qu'ils s'étaient choisi, et que ce chef, qui venait d'être élu, était le seigneur San-Girolamo, prince de Maliterno.

Le vicaire général devait donc être invité par la députation à reconnaître les nouveaux pouvoirs créés par le municipe et acceptés, mieux encore, proclamés par le peuple.

La députation qui s'était offerte, et qui avait été acceptée, se composait de Manthonnet, Cirillo, Schipani, Velasco et Pagano.

Elle se présenta au palais.

La révolution, depuis deux jours, avait marché à pas de géant. Le peuple, trompé par elle, lui prêtait momentanément son appui, et, cette fois, les députés ne venaient plus en suppliants, mais en maîtres.

Ces changements n'étonneront point nos lecteurs, qui les ont vus s'opérer sous leurs yeux.

Ce fut Cirillo qui fut chargé de porter la parole.

Sa harangue fut courte : il supprima le titre de *prince* et même celui d'*excellence*.

— Monsieur, dit-il au vicaire général, nous venons, au nom de la ville, vous inviter à renoncer aux pouvoirs que vous avez reçus du roi, vous prier de nous remettre, ou plutôt de remettre à la municipalité, l'argent de l'État qui est à votre disposition, et de prescrire, par un édit, le dernier que vous rendrez, obéissance entière à la municipalité et au prince de Maliterno, nommé général par le peuple.

Le vicaire général ne répondit point positivement, mais demanda vingt-quatre heures pour réfléchir, en disant que la nuit porte conseil.

Le conseil que lui porta la nuit fut de s'embarquer au point du jour, avec le reste du trésor royal, sur un bâtiment faisant voile pour la Sicile.

Revenons au prince de Maliterno.

L'important était de désarmer le peuple, et, en le désarmant, d'arrêter les massacres.

Le nouveau dictateur, après avoir engagé sa parole aux patriotes et juré de marcher en tout point d'accord avec eux, sortit de l'église, monta de nouveau à cheval, et, le sabre à la main, après avoir répondu par le cri de « Vive le peuple ! » au cri de « Vive Maliterno ! » nomma pour son lieutenant don Lucio Caracciolo, duc de Rocca-Romana, presque aussi populaire que lui, à cause de son brillant combat de Caïazzo. Le nom du beau gentilhomme qui, depuis quinze ans, avait changé trois fois d'opinions et qui devait se les faire pardonner par une troisième trahison, fut salué par une immense acclamation.

Après quoi, le prince de Maliterno fit une harangue, pour inviter le peuple à déposer les armes dans un couvent voisin destiné à servir de quartier général, et ordonna, sous peine de mort, d'obéir à toutes les mesures qu'il croirait nécessaires pour rétablir la tranquillité publique.

En même temps, pour donner plus de poids à ses paroles, il fit dresser des potences dans toutes les rues et sur toutes les places, et sillonna la ville de patrouilles composées des citoyens les plus braves et et les plus honnêtes, chargées d'arrêter et de pendre, sans autre forme de procès, les voleurs et les assassins pris en flagrant délit.

Puis il fut convenu qu'à la bannière blanche, c'est-à-dire à la bannière royale, était substituée la *bannière du peuple*, c'est-à-dire la bannière tricolore. Les trois couleurs du peuple napolitain étaient le bleu, le jaune et le rouge.

A ceux qui demandèrent des explications sur ce changement et qui essayèrent de le discuter, Maliterno répondit qu'il changeait le drapeau napolitain pour ne pas montrer aux Français une bannière qui avait fui devant eux. Le peuple, orgueilleux d'avoir sa bannière, accepta.

Lorsque, le matin du 17 janvier, on connut à Naples, la fuite du vicaire général et les nouveaux malheurs dont cette fuite menaçait Naples, la colère du peuple, jugeant inutile de poursuivre Pignatelli, qu'il ne pouvait atteindre, se tourna tout entière contre Mack.

Une bande de lazzaroni se mit à sa recherche. Mack, selon eux, était un traître, qui avait pactisé avec les jacobins et avec les Français, et qui, par conséquent, méritait d'être pendu. Cette bande se dirigea vers Caserte, où elle croyait le trouver.

Il y était, en effet, avec le major Riescach, le seul officier qui lui fût resté fidèle dans ce grand désastre, lorsqu'on vint lui annoncer le danger qu'il courait. Ce danger était sérieux. Le duc de Salandra, que les lazzaroni avaient rencontré sur la route de Caserte et qu'ils avaient pris pour lui, avait failli y laisser la vie. Il ne restait qu'une ressource au malheureux général : c'était d'aller chercher un asile sous la tente de Championnet; mais il l'avait, on se le rappelle, si grossièrement traité dans la lettre qu'en entrant en campagne, il lui avait fait porter par le major Riescach; il avait, en quittant Rome, rendu contre les Français un ordre du jour si cruel, qu'il n'osait espérer dans la générosité du général français. Mais le major Riescach le rassura, lui proposant de le précéder et de préparer son arrivée. Mack accepta la proposition, et, tandis que le major accomplissait sa mission, il se retira dans une petite maison de

Cirnao, à la sûreté de laquelle il croyait à cause de son isolement.

Championnet était campé en avant de la petite ville d'Aversa, et, toujours curieux de monuments historiques, il venait de reconnaître avec son fidèle Thiébaut, dans un vieux couvent abandonné, les ruines du château où Jeanne avait assassiné son mari, et jusqu'aux restes du balcon où André fut pendu avec l'élégant lacet de soie et d'or tressé par la reine elle-même. Il expliquait à Thiébaut, moins savant que lui en pareille matière, comment Jeanne avait obtenu l'absolution de ce crime en vendant au pape Clément VI Avignon pour soixante mille écus, lorsqu'un cavalier s'arrêta à la porte de sa tente et que Thiébaut jeta un cri de joie et de surprise en reconnaissant son ancien collègue, le major Riescach.

Championnet reçut le jeune officier avec la même courtoisie qu'il l'avait reçu à Rome, lui exprima son regret de ce qu'il ne fût point arrivé une heure plus tôt pour prendre part à la promenade archéologique qu'il venait de faire; puis, sans s'informer du motif qui l'amenait, lui offrit ses services comme à un ami, et comme si cet ami ne portait point l'uniforme napolitain.

— D'abord, mon cher major, lui dit-il, permettez que je commence par des remercîments. J'ai trouvé, à mon retour à Rome, le palais Corsini, que je vous avais confié, dans le meilleur état possible. Pas un livre, pas une carte, pas une plume ne manquait. Je crois même que l'on ne s'était, pendant deux semaines qu'il a été habité, servi d'aucun des objets dont je me sers tous les jours.

— Eh bien, mon général, si vous m'êtes aussi reconnaissant que vous le dites du petit service que vous prétendez avoir reçu de moi, vous pouvez, à votre tour, m'en rendre un grand.

— Lequel ? demanda Championnet en souriant.

— C'est d'oublier deux choses.

— Prenez garde ! oublier est moins facile que de se souvenir. Quelles sont ces deux choses ? Voyons !

— D'abord, la lettre que je vous ai portée à Rome de la part du général Mack.

— Vous avez pu voir qu'elle avait été oubliée cinq minutes après avoir été lue. La seconde ?

— La proclamation relative aux hôpitaux.

— Celle-là, monsieur, répondit Championnet, je ne l'oublie pas, mais je la pardonne.

Riescach s'inclina.

— Je ne puis demander davantage de votre générosité, dit-il. Maintenant, le malheureux général Mack...

— Oui, je le sais, on le poursuit, on le traque, on

veut l'assassiner; comme Tibère, il est forcé de coucher chaque nuit dans une nouvelle chambre. Pourquoi ne vient-il pas tout simplement me trouver? Je ne pourrai pas, comme le roi des Perses à Thémistocle, lui donner cinq villes de mon royaume pour subvenir à son entretien; mais j'ai ma tente, elle est assez grande pour deux, et, sous cette tente, il recevra l'hospitalité du soldat.

Championnet achevait à peine ces paroles, qu'un homme couvert de poussière sautait à bas d'un cheval ruisselant d'écume, et se présentait timidement au seuil de la tente que le général français venait de lui offrir.

Cet homme, c'était Mack, qui, apprenant que les hommes lancés à sa poursuite se dirigeaient sur Carnava, n'avait pas cru devoir attendre le retour de son envoyé et la réponse de Championnet.

— Mon général, s'écria Riescach, entrez, entrez! Comme je vous l'avais dit, notre ennemi est le plus généreux des hommes.

Championnet se leva et s'avança au-devant de Mack, la main ouverte.

Mack crut sans doute que cette main s'ouvrait pour lui demander son épée.

La tête basse, le front rougissant, muet, il la tira

du fourreau, et, la prenant par la lame, il la présenta au général français par la poignée.

— Général, lui dit-il, je suis votre prisonnier, et voici mon épée.

— Gardez-la, monsieur, repondit Championnet avec son fin sourire ; mon gouvernement m'a défendu de recevoir des présents de fabrique anglaise.

Finissons-en avec le général Mack, que nous ne retrouverons plus sur notre chemin, et que nous quittons, nous devons l'avouer, sans regret.

Mack fut traité par le général français comme un hôte et non comme un prisonnier. Dès le lendemain de son arrivée sous sa tente, il lui donna un passeport pour Milan, en le mettant à la disposition du Directoire.

Mais le Directoire traita Mack avec moins de courtoisie que Championnet. Il le fit arrêter, l'enferma dans une petite ville de France, et, après la bataille de Marengo, l'échangea contre le père de celui qui écrit ces lignes, lequel était à Brindisi prisonnier par surprise du roi Ferdinand.

Malgré ses revers en Belgique, malgré l'incapacité dont il avait fait preuve dans cette campagne de Rome, le général Mack obtint, en 1804, le commandement de l'armée de Bavière.

En 1805, à l'approche de Napoléon, il se renferma

dans Ulm, où, après deux mois de blocus, il signa la plus honteuse capitulation que l'on ait jamais mentionnée dans les annales de la guerre.

Il se rendit avec 35,000 hommes.

Cette fois, on lui fit son procès, et il fut condamné à mort; mais sa peine fut commuée en une détention perpétuelle au Spitzberg.

Au bout de deux ans, le général Mack obtint sa grâce et fut mis en liberté.

A partir de 1808, il disparaît de la scène du monde, et l'on n'entend plus parler de lui.

On a très-justement dit de lui que, pour avoir la réputation de premier général de son siècle, il ne lui avait manqué que de ne pas avoir eu d'armées à commander.

Continuons à dérouler, dans toute sa simplicité historique, la liste des événements qui conduisirent les Français à Naples, et qui, d'ailleurs, forment un tableau de mœurs où ne manque ni la couleur ni l'intérêt.

VI

RUPTURE DE L'ARMISTICE

Les lazzaroni, furieux de voir le général Mack leur échapper, ne voulurent point avoir fait une si longue course pour rien.

Ils marchèrent, en conséquence, sur les avant-postes français, battirent les gardes avancées et repoussèrent la grand'garde. Mais, au premier coup de fusil, le général Championnet ayant dit à Thiébaut d'aller voir ce qui se passait, celui-ci rallia les hommes que cette irruption imprévue avait dispersés et chargea toute cette multitude au moment où elle traversait la ligne de démarcation tracée entre les deux armées. Il en détruisit une partie, mit l'autre en fuite, mais, sans la poursuivre, s'arrêta dans les limites tracées à l'armée française.

Deux événements avaient rompu la trêve : le défaut de payement des cinq millions stipulés dans le traité et l'agression des lazzaroni.

Le 19 janvier, les vingt-quatre députés de la ville comprirent à quels dangers les exposaient ces deux insultes, qui, faites à un vainqueur, ne pouvaient manquer de le déterminer à marcher sur Naples.

Ils partirent donc pour Caserte, où Championnet avait son quartier général; mais ils n'eurent point la peine d'aller jusque-là, le général, nous l'avons dit, s'étant avancé jusqu'à Maddalone.

Le prince de Maliterno marchait à leur tête.

En arrivant en présence du général français, tous, comme c'est l'habitude en pareil cas, commencèrent de parler à la fois, les uns priant, les autres menaçant, ceux-ci demandant humblement la paix, ceux-là jetant à la face des Français des défis de guerre.

Championnet écouta avec sa courtoisie et sa patience ordinaires pendant dix minutes; puis, comme il lui était impossible d'entendre un mot de ce qui se disait :

— Messieurs, dit-il en excellent italien, si l'un d'entre vous était assez bon pour prendre la parole au nom de tous, je ne doute pas que nous ne finissions par nous entendre, du moins par nous comprendre.

Puis, s'adressant à Maliterno, qu'il reconnaissait au coup de sabre qui lui partageait le front et la joue :

— Prince, lui dit-il, quand on sait se battre comme vous, on doit savoir défendre son pays avec la parole comme avec le sabre. Voulez-vous me faire l'honneur de me dire la cause qui vous amène? J'écoute, je vous le jure, avec le plus grand intérêt.

Cette élocution si pure, cette grâce si parfaite, étonnèrent les députés, qui se turent et qui, faisant un pas en arrière, laissèrent au prince de Maliterno le soin de défendre les intérêts de Naples.

N'ayant point, comme Tite-Live, la prétention de faire les discours des orateurs que nous mettons en scène, nous nous empressons de dire que nous ne changeons point une parole au texte du discours du prince de Maliterno.

— Général, dit-il, s'adressant à Championnet, depuis la fuite du roi et du vicaire général, le gouvernement du royaume est dans les mains du sénat de la ville. Nous pouvons donc faire, avec *Votre Excellence,* un durable et légitime traité.

Au titre d'*excellence*, donné au général républicain, Championnet avait souri et salué.

Le prince lui présenta un paquet.

— Voici une lettre, continua-t-il, qui renferme les pouvoirs des députés ici présents. Peut-être, vous qui, en vainqueur et à la tête d'une armée victorieuse, êtes venu au pas de course de Civita-Castellana à Maddalene, regardez-vous comme un faible espace les dix milles qui vous séparent de Naples; mais vous remarquerez que cet espace est immense, infranchissable même, lorsque vous réfléchirez que vous êtes entouré de populations armées et courageuses, et que soixante mille citoyens enrégimentés, quatre châteaux forts, des vaisseaux de guerre, défendent une ville de cinq cent mille habitants enthousiasmés par la religion, exaltés par l'indépendance. Maintenant, supposez que la victoire continue de vous être fidèle et que vous entriez en conquérant à Naples; il vous sera impossible de vous maintenir dans votre conquête. Ainsi, tout vous conseille de faire la paix avec nous. Nous vous offrons, non-seulement les deux millions et demi de ducats stipulés dans le traité de Sparanisi, mais encore tout l'argent que vous nous demanderez en vous renfermant dans les limites de la modération. En outre, nous mettons à votre disposition, pour que vous puissiez vous retirer, des vivres, des voitures, des chevaux, et enfin des routes de la sécurité desquelles nous vous répondons... Vous avez remporté de grands succès, vous avez pris des canons et des drapeaux, vous avez fait un grand nombre de prisonniers, vous avez emporté quatre forteresses : nous vous offrons un tribut et nous vous demandons la paix comme à un vainqueur.

Ainsi, du même coup, vous conquérez la gloire et l'argent. Considérez, général, que nous sommes beaucoup trop faibles pour votre armée; que, si vous nous accordez la paix, que, si vous consentez à ne pas entrer à Naples, le monde applaudira à votre magnanimité. Si, au contraire, la résistance désespérée des habitants, sur laquelle nous avons le droit de compter, vous repousse, vous ne recueillerez que la honte d'avoir échoué au bout de votre entreprise.

Championnet avait écouté, non sans étonnement, ce long discours, qui lui paraissait plutôt une lecture qu'une improvisation.

— Prince, répondit-il poliment mais froidement à l'orateur, je crois que vous commettez une erreur grave : vous parlez à des vainqueurs comme vous parleriez à des vaincus. La trêve est rompue pour deux raisons : la première, c'est que vous n'avez pas payé, le 15, la somme que vous deviez payer; la seconde, c'est que vos lazzaroni sont venus nous attaquer dans nos lignes. Demain, je marche sur Naples; mettez-vous en mesure de me recevoir, je suis, moi, en mesure d'y entrer.

Le général et les députés, chacun de leur coté, échangèrent un froid salut; le général rentra dans sa tente, les députés reprirent la route de Naples.

Mais, aux jours de révolution comme aux jours

orageux de l'été, le temps change vite, et le ciel, serein à l'aurore, est sombre à midi.

Les lazzaroni, en voyant partir Maliterno avec les députés de la ville pour le camp français, se crurent trahis, et, soulevés par les prêtres prêchant dans les églises, par les moines prêchant dans les rues, tous couvrant l'égoïsme ecclésiastique du manteau royal, ils s'élancèrent vers le couvent où ils avaient déposé leurs armes, s'en emparèrent de nouveau, se répandirent dans les rues, enlevèrent à Maliterno la dictature qu'ils lui avaient votée la veille, et se nommèrent des chefs, ou plutôt se remirent sous le commandement des anciens.

On avait abaissé les bannières royales; mais on n'avait pas encore inauguré le drapeau populaire.

Les bannières royales furent remises partout où elles avaient été enlevées.

Le peuple s'empara, en outre, de sept ou huit pièces de canon, qu'il traîna par les rues et qu'il mit en batterie à Tolède, à Chiaïa et à Largo del Pigne.

Puis les pillages et les exécutions commencèrent. Les gibets que Maliterno avait fait dresser pour pendre les voleurs et les assassins servirent à pendre les jacobins.

Un sbire bourbonien dénonça l'avocat Fasulo :

les lazzaroni firent irruption chez lui. Il n'eut que le temps de se sauver avec son frère par les terrasses. On trouva chez eux une cassette pleine de cocardes françaises, et on allait égorger leur jeune sœur, lorsqu'elle s'abrita d'un grand crucifix qu'elle prit entre ses bras. La terreur religieuse arrêta les assassins, qui se contentèrent de piller la maison et d'y mettre le feu.

Maliterno revenait de Maddalone, lorsque, par bonheur, en dehors de la ville, il fut instruit de ce qui s'y passait, par les fugitifs qu'il rencontra.

Il expédia alors deux messagers, porteurs chacun d'un billet dont ils avaient pris connaissance. S'ils étaient arrêtés, ils devaient déchirer ou avaler les billets, et, comme ils les savaient par cœur, s'ils échappaient aux mains des lazzaroni, exécuter de même leur mission.

Un de ces billets était pour le duc de Rocca-Romana : Maliterno lui disait où il était caché, et, la nuit tombée, l'invitait à le venir rejoindre avec une vingtaine d'amis.

L'autre était pour l'archevêque : il lui enjoignait, sous peine de mort, à dix heures précises du soir, de mettre en branle toutes ses cloches, de réunir son chapitre, ainsi que tout le clergé de la cathédrale, et d'exposer le sang et la tête de saint Janvier.

Le reste, disait-il, le regardait.

Deux heures après, les deux messagers étaient arrivés sans accident à destination.

Vers sept heures du soir, Rocca-Romana vint seul; mais il annonçait que ses vingt amis étaient prêts et se trouveraient au rendez-vous qui leur serait indiqué.

Maliterno le renvoya immédiatement à Naples, le priant de se trouver, lui et ses amis, à minuit, sur la place du couvent de la Trinité, où il s'engageait à les rejoindre. Ils devaient réunir, en même temps qu'eux, le plus grand nombre possible de leurs serviteurs, — maîtres et serviteurs bien armés.

Le mot d'ordre était *Patrie et Liberté*. On ne devait s'occuper de rien. Maliterno répondait de tout.

Seulement, Rocca-Romana devait donner cet ordre et revenir aussitôt. En supposant l'absence de tous deux, on écrirait à Manthonnet, qui était prévenu de son côté.

A dix heures du soir, fidèle à l'ordre reçu, le cardinal-archevêque fit sonner toutes les cloches d'un même coup.

A ce bruit inattendu, à cette immense vibration qui semblait le vol d'une troupe d'oiseaux aux ailes de bronze, les lazzaroni, étonnés, s'arrêtèrent au milieu de leur œuvre de destruction. Les uns, croyant que c'était un signal de joie, dirent que les Français avaient pris la fuite; les autres, au contraire, crurent que, les Français ayant attaqué la ville, on les appelait aux armes.

Dans l'un et l'autre cas, et quelle que fût sa croyance, chacun courut à la cathédrale.

On y trouva le cardinal revêtu de ses habits pontificaux, au milieu de son clergé, dans l'église illuminée d'un millier de cierges. La tête et le sang de saint Janvier étaient exposés sur l'autel.

On sait la dévotion que les Napolitains ont pour les saintes reliques du protecteur de leur ville. A la vue de ce sang et de cette tête, qui ont peut-être joué encore un plus grand rôle en politique qu'en religion, les plus ardents et les plus furieux commencèrent à s'apaiser, tombant à genoux, dans l'église, s'ils avaient pu y pénétrer, dehors, si la foule qui encombrait la cathédrale les avait forcés de demeurer dans la rue; et tous, dans l'église et au dehors, se mirent à prier.

Alors, la procession, le cardinal-archevêque en tête, s'apprêta pour sortir et pour parcourir la ville.

En ce moment, à la droite et à la gauche du prélat, parurent, comme représentants de la douleur populaire, le prince de Maliterno et le duc de Rocca-

Romana, vêtus de deuil, pieds nus, les larmes aux yeux. Le peuple voyant tout à coup, en costumes de pénitents, implorant la colère de Dieu contre les Français, les deux plus grands seigneurs de Naples, accusés d'avoir trahi Naples en faveur de ces Français, on ne songea plus à les accuser de trahison, mais seulement à prier et à s'humilier avec eux. Le peuple, tout entier alors, suivit les saintes reliques portées par l'archevêque, fit en procession un grand tour dans la ville et revint à l'église, d'où il était parti.

Là, Maliterno monta en chaire et fit au peuple un discours dans lequel il lui dit que saint Janvier, protecteur céleste de la ville, ne permettrait certainement pas qu'elle tombât aux mains des Français; puis il invita chacun à rentrer chez soi, à se reposer, en dormant, des fatigues de la journée, afin que ceux qui voudraient combattre se trouvassent au point du jour les armes à la main.

Enfin l'archevêque donna sa bénédiction aux assistants, et chacun se retira en répétant les paroles qu'il avait prononcées :

« Nous n'avons que deux mains, comme les Français; mais saint Janvier est pour nous. »

L'église évacuée, les rues redevinrent solitaires. Alors, Maliterno et Rocca-Romana reprirent leurs armes, qu'ils avaient laissées dans la sacristie, et, se glissant dans l'ombre, se rendirent à la place de la Trinité, où leurs compagnons les attendaient.

Ils y trouvèrent Manthonnet, Velasco, Schipani et trente ou quarante patriotes.

La question était de s'emparer du château Saint-Elme, où, l'on se le rappelle, était prisonnier Nicolino Caracciolo. Rocca-Romana, inquiet sur le sort de son frère, et les autres sur celui de leur ami, avaient décidé de le délivrer. Un coup de main pour arriver à ce but était urgent. Après avoir échappé si heureusement à la torture de Vanni, Nicolino ne pouvait manquer d'être assassiné si les lazzaroni s'emparaient du château Saint-Elme, le seul que, dans sa position imprenable, ils se fussent abstenus d'attaquer.

A cet effet, Maliterno, pendant ses vingt-quatre heures de dictature, n'osant ouvrir les portes à Nicolino, de peur que les lazzaroni ne l'accusassent de trahison, avait mêlé à la garnison trois ou quatre hommes faisant partie de sa domesticité. Par un de ces hommes, il avait eu le mot d'ordre du château Saint-Elme pour la nuit du 20 au 21 janvier. Le mot d'ordre était *Parthénope et Pausilippe*.

Or, voici ce que comptait faire Maliterno : simuler une patrouille venant de la ville apporter des ordres au commandant du fort; ensuite, faire irruption dans la citadelle et s'en emparer.

Par malheur, Maliterno, Rocca-Romana, Manthonnet, Velasco et Schipani étaient trop connus pour prendre le commandement de la petite troupe. Ils durent le céder à un homme du peuple, enrôlé dans leur parti. Mais celui-ci, peu familier avec les usages de la guerre, au lieu de donner le mot *Parthénope* pour mot d'ordre, croyant que c'était la même chose, donna celui de *Napoli*. La sentinelle reconnut la fraude et appela aux armes. La petite troupe fut alors accueillie par une vive fusillade et trois coups de canon qui, par bonheur, ne firent aucun mal aux assaillants.

Cet échec avait une double gravité : d'abord de ne point délivrer Nicolino Caracciolo, et ensuite de ne pas donner à Championnet le signal qui lui avait été promis par les républicains.

Et, en effet, Championnet avait promis aux républicains d'être en vue de Naples, le 21 janvier dans la journée, et les républicains, de leur côté, lui avaient promis qu'il verrait, en signe d'alliance, flotter la bannière tricolore française sur le château Saint-Elme.

Leur attaque de la nuit manquée, ils ne pouvaient tenir à Championnet la parole qu'ils lui avaient donnée.

Maliterno et Rocca-Romana, qui voulaient tout

simplement délivrer Nicolino Caracciolo, et qui n'étaient que les alliés et non les complices des républicains, n'étaient point dans cette partie de leur secret.

Pour les uns comme pour les autres, l'étonnement fut donc grand, lorsque le 21, au point du jour, on vit flotter la bannière tricolore française sur les tours du château Saint-Elme.

Disons comment s'était faite cette substitution inattendue, comment le drapeau français avait été arboré sur le château Saint-Elme et de quelles matières il était fait.

VII

UN GEOLIER QUI S'HUMANISE

On se rappelle comment, à la suite du billet remis par Roberto Brandi, commandant du château Saint-Elme, au procureur fiscal Vanni, celui-ci avait suspendu les apprêts de la torture et fait reconduire Nicolino Caracciolo dans le cachot numéro 3, « au second au-dessous de l'entre-sol, » comme disait le prisonnier.

Roberto Brandi ne connaissait point la teneur du billet adressé à Vanni par le prince de Castelcicala; mais, au changement qui s'était fait sur la physionomie de ce dernier, à la pâleur qui avait enseveli son visage, à l'ordre donné de reconduire Nicolino dans sa prison, à la rapidité avec laquelle il s'était élancé hors de la salle de la torture, il avait été facile à Brandi de deviner que la nouvelle contenue dans la lettre était des plus graves.

Vers quatre heures de l'après-midi, il avait, comme tout le monde, appris, par les affiches de Pronio, le retour du roi à Caserte, et, le soir, il avait, du haut des murailles de son donjon, assisté au triomphe du roi et joui de la vue des illuminations qui en avaient été la suite.

La cause de ce retour royal, sans lui faire un effet aussi électrique qu'à Vanni, lui avait cependant donné à penser.

Il avait songé que Vanni, dans sa crainte des Français, s'était arrêté au moment de donner la torture à Nicolino, et qu'il pourrait bien, lui aussi, avoir maille à partir avec eux pour l'avoir tenu prisonnier.

Il songea donc à se faire, pour l'hypothèse désormais possible de la venue des Français à Naples, il songea donc à se faire un ami de ce prisonnier lui-même.

Vers cinq heures du soir, c'est-à-dire au moment où le roi entrait par la porte Campana, le commandant du château se fit ouvrir le cachot du prisonnier, et, s'approchant de lui avec une politesse de laquelle, d'ailleurs, il ne s'était jamais écarté entièrement :

— Monsieur le duc, lui dit-il, je vous ai entendu vous plaindre hier à M. le procureur fiscal de l'ennui que vous causait dans votre cachot le manque de livres.

— C'est vrai, monsieur, je m'en suis plaint, répondit Nicolino avec sa bonne humeur éternelle. Quand je jouis de ma liberté, je suis plutôt un oiseau chanteur comme l'alouette, ou siffleur comme le merle, que rêveur comme le hibou ; mais, une fois en cage, j'aime encore mieux, par ma foi, pour causer avec lui, un livre, si ennuyeux qu'il soit, que notre geôlier, qui a l'habitude de répondre aux demandes les plus prolixes par ce seul mot : *Oui*, ou : *Non*, quand il répond toutefois.

— Eh bien, monsieur le duc, j'aurai l'honneur de vous envoyer quelques livres ; et, si vous voulez bien me dire ceux qui vous seraient le plus agréables...

— Vraiment! Est-ce que vous avez une bibliothèque au château?

— Deux ou trois cents volumes.

— Diable! en liberté, il y en aurait pour toute ma vie; en prison, il y en a bien pour six ans. Voyons, avez-vous le premier volume des *Annales* de Tacite, traitant des amours de Claude et des débordements de Messaline? Je ne serais point fâché de relire cela, que je n'ai point lu depuis le collège.

— Nous avons un Tacite, monsieur le duc; mais le premier volume manque. Désirez-vous les autres?

— Merci. J'aime tout particulièrement Claude, et j'ai toujours été on ne peut plus sympathique à Messaline; et, comme je trouve que nos augustes souverains, avec lesquels j'ai eu le malheur de me brouiller bien innocemment, ont de grands points de ressemblance avec ces deux personnages, j'eusse voulu faire des parallèles dans le genre de ceux de Plutarque, parallèles qui, mis sous leurs yeux, eussent produit, j'en suis certain, l'excellent résultat de me raccommoder avec eux.

— Je suis au regret, monsieur le duc, de ne pouvoir vous donner cette facilité. Mais demandez un autre livre, et, s'il se trouve dans la bibliothèque...

— N'en parlons plus. Avez-vous *la Science nouvelle*, de Vico?

— Je ne connais pas cela, monsieur le duc.

— Comment! vous ne connaissez pas Vico?

— Non, monsieur le duc.

— Un homme de votre instruction qui ne connaît pas Vico ! c'est extraordinaire. Vico était le fils d'un petit libraire de Naples. Il fut, pendant neuf ans, précepteur des fils d'un évêque dont j'ai oublié et dont bien d'autres avec moi ont oublié le nom, malgré la confiance que cet évêque avait bien certainement que son nom vivrait plus longtemps que celui de Vico. Or, pendant que monseigneur disait sa messe, donnait sa bénédiction et élevait paternellement ses trois neveux, Vico écrivait un livre qu'il intitulait *la Science nouvelle*, comme j'ai eu l'honneur de vous le dire, livre où il distinguait, dans l'histoire des différents peuples, trois âges qui se succèdent uniformément : l'*âge divin*, enfance des nations, pendant lequel tout est divinité, et où les prêtres possèdent l'autorité; l'*âge héroïque*, qui est le règne de la force matérielle et des héros, et l'*âge humain*, période de civilisation après laquelle les hommes reviennent à l'état primitif. Or, comme nous en sommes à l'âge des héros, j'aurais voulu établir un parallèle entre Achille et le général Mack, et, comme, bien certainement, le parallèle eût été en faveur de l'illustre général autrichien, je me fusse fait de celui-ci un ami qui eût pu plaider ma cause vis-à-vis du marquis Vanni, lequel a si lestement, et sans nous dire adieu, disparu ce matin.

— Ce serait avec plaisir que je vous y eusse aidé, monsieur le duc; mais nous n'avons point Vico.

— Alors, laissons de côté les historiens et les philosophes, et passons aux chroniqueurs. Avez-vous la *Chronique du couvent de Sant'Archangelo à Bajano?* Étant cloîtré comme un religieux, je me sens plein de bienveillance pour mes sœurs cloîtrées les religieuses. Imaginez-vous donc, mon cher commandant, que ces dignes religieuses avaient trouvé moyen, par une porte secrète dont elles possédaient une clef en même temps que l'abbesse, de faire entrer leurs amants dans les jardins. Seulement, une des sœurs qui venait de prononcer ses vœux quelques jours auparavant, et qui, par conséquent, n'avait pas encore eu le temps de rompre tous les liens qui l'attachaient au monde, prit mal ses mesures, confondit les dates et donna pour la même nuit rendez-vous à deux de ses amants. Les deux jeunes gens se rencontrèrent, se reconnurent, et, au lieu de prendre la chose gaiement, comme je l'eusse prise, moi, la prirent au sérieux : ils tirèrent leurs épées. On ne devrait jamais entrer avec une épée dans un couvent. L'un des deux tua l'autre, et se sauva. On trouva le cadavre. Vous comprenez bien, mon cher commandant, impossible de dire qu'il était venu là tout seul. On fit une enquête, on voulut chasser le jardinier : le jardinier dénonça la jeune sœur, à laquelle on reprit la clef, et l'abbesse seule eut le droit de faire entrer qui elle voulut, de jour comme de nuit. Cette restriction ennuya deux jeunes nonnes des plus grandes maisons de Naples. Elles réfléchirent que, puisqu'une de leurs compagnes avait deux amants pour elle seule, elles pouvaient bien avoir un amant pour elles deux. Elles demandèrent un clavecin. Un clavecin est un meuble fort innocent, et il faudrait une abbesse de bien mauvais caractère pour refuser un clavecin à deux pauvres recluses qui n'ont que la musique pour toute distraction. On apporta le clavecin. Par malheur, la porte de la cellule était trop étroite pour qu'il pût entrer. C'était un dimanche, au moment de la grand' messe : on remit à le faire entrer avec des cordes par la fenêtre quand la grand' messe serait dite. La grand' messe dura trois heures, on mit une heure à monter le clavecin, il avait mis une autre heure à venir de Naples au couvent : cinq heures en tout. Aussi, les pauvres religieuses étaient-elles affamées de mélodie. Les fenêtres et les portes fermées, elles ouvrirent en toute hâte l'instrument. L'instrument était devenu, de clavecin, un cercueil : le beau jeune homme qui y était enfermé et dont les deux bonnes amies comptaient faire leur maître de chant était asphyxié. Autre embarras, à l'endroit du second cadavre, bien autrement difficile à cacher dans une cellule que le premier dans un jardin. La chose s'ébruita. Naples avait alors pour archevêque un jeune prélat très-sévère. Il réfléchit à la satisfaction qu'il pouvait donner à la vindicte publique. Un procès faisait connaître au monde entier le scandale qui n'était connu que de Naples; il résolut d'en finir sans procès. Il alla chez un pharmacien, se fit préparer un extrait de ciguë aussi puissant que possible, mit la fiole sous sa robe d'archevêque, se rendit au couvent, fit venir l'abbesse et les deux religieuses; puis il divisa la ciguë en trois parts, et força les coupables à boire chacune leur part du poison sanctifié par Socrate. Elles moururent au milieu d'atroces douleurs. Mais l'archevêque avait de grands pouvoirs: il leur remit leurs péchés *in articulo mortis*. Seulement, il ferma le couvent et envoya les autres religieuses faire pénitence dans les monastères les plus sévères de leur ordre. Eh bien, vous comprenez: sur un texte comme celui-là, dont, faute de mémoire, je m'écarte peut-être sur certains points, mais pas, à coup sûr, à l'endroit des principaux, je comptais faire un roman moral dans le genre de *la Religieuse*, de Diderot, ou un drame de la famille des

Victimes cloîtrées, de Monvel; cela eût occupé mes loisirs pendant le temps plus ou moins long que j'ai encore à demeurer votre hôte. Vous n'avez rien de tout cela, donnez-moi ce que vous voudrez : l'*Histoire de Polybe*, les *Commentaires* de César, la *Vie de la Vierge*, le *Martyre de saint Janvier*. Tout me sera bon, cher monsieur Brandi, et je vous aurai de tout une égale reconnaissance.

Le commandant Brandi remonta chez lui, et choisit dans sa bibliothèque cinq ou six volumes, que Nicolino se garda bien d'ouvrir.

Le lendemain, vers huit heures du soir, le commandant entra dans la prison de Nicolino, précédé d'un geôlier portant deux bougies.

Le prisonnier s'était déjà jeté sur son lit, quoiqu'il ne dormît pas encore. Il ouvrit des yeux étonnés de ce luxe de cire. Trois jours auparavant, il avait demandé une lampe et on la lui avait refusée.

Le geôlier disposa les deux bougies sur la table et sortit.

— Ah çà! mon cher commandant, demanda Nicolino, est-ce que, par hasard, vous me feriez la surprise de me donner une soirée ?

— Non : je vous faisais une simple visite, mon cher prisonnier, et, comme je déteste parler sans voir, j'ai, comme vous le voyez, fait apporter des lumières.

— Je me félicite bien sincèrement de votre antipathie pour les ténèbres ; mais il est impossible que le désir de venir causer avec moi vous soit poussé tout à coup comme cela, de lui-même et sans raison extérieure. Qu'avez-vous à me dire ?

— J'ai à vous dire une chose assez importante, et à laquelle j'ai longtemps réfléchi avant de vous en parler.

— Et, aujourd'hui, vos réflexions sont faites ?

— Oui.

— Dites, alors.

— Vous savez, mon cher hôte, que vous êtes ici sur une recommandation toute particulière de la reine ?

— Je ne le savais pas, mais je m'en doutais.

— Et au secret le plus absolu ?

— Quant à cela, je m'en suis aperçu.

— Eh bien, imaginez-vous, mon cher hôte, que dix fois, depuis que vous êtes ici, une dame s'est présentée pour vous parler.

— Une dame ?

— Oui ; une dame voilée qui n'a jamais voulu dire son nom et qui a prétendu qu'elle venait de la part de la reine, à la maison de laquelle elle était attachée.

— Bon! fit Nicolino, est-ce que ce serait Elena, par hasard? Ah! par ma foi! voilà qui la réhabiliterait dans mon esprit. Et, naturellement, vous lui avez constamment refusé la porte?

— Venant de la part de la reine, j'ai pensé que sa visite pourrait ne pas vous être agréable, et j'ai craint de vous désobliger en l'introduisant près de vous.

— La dame est-elle jeune?

— Je le crois.

— Est-elle jolie?

— Je le gagerais.

— Eh bien, mon cher commandant, une femme jeune et jolie ne désoblige jamais un prisonnier au secret depuis six semaines, vînt-elle de la part du diable, et, je dirai même plus, surtout de la part du diable.

— Alors, dit Roberto Brandi, si cette dame revenait?

— Si cette dame revenait, faites-la entrer, mordieu!

— Je suis bien aise de savoir cela. Je ne sais pourquoi j'ai dans l'idée qu'elle reviendra ce soir.

— Mon cher commandant, vous êtes un homme charmant, d'une conversation pleine de verve et de fantaisie; mais vous comprenez : fussiez-vous l'homme le plus spirituel de Naples...

— Oui, vous préféreriez la conversation de la dame inconnue à la mienne; soit : je suis bon diable et n'ai point d'amour-propre. Maintenant, n'oubliez pas une chose ou plutôt deux choses.

— Lesquelles?

— C'est que, si je n'ai pas fait entrer la dame plus tôt, c'est que j'ai craint que sa visite ne vous déplût, et que, si je la fais entrer aujourd'hui, c'est que vous m'affirmez que sa visite vous est agréable.

— Je vous l'affirme, mon cher commandant. Êtes-vous satisfait?

— Je le crois bien! rien ne me satisfait plus que de rendre de petits services à mes prisonniers.

— Oui; seulement, vous prenez votre temps.

— Monsieur le duc, vous connaissez le proverbe : *Tout vient à point à qui sait attendre.*

Et, se levant avec son plus aimable sourire, le commandant salua son prisonnier et sortit.

Nicolino le suivit des yeux, se demandant ce qui avait pu arriver d'extraordinaire depuis la veille au matin pour qu'il se fît dans les manières de son juge et de son geôlier un si grand changement à son égard; et il n'avait pu encore se faire une réponse satisfaisante à sa question, lorsque la porte de son cachot se rouvrit et donna passage à une femme voilée, qui se jeta dans ses bras en levant son voile.

VIII

QUELLE ÉTAIT LA DIPLOMATIE DU GOUVERNEUR DU CHATEAU SAINT-ELME.

Comme l'avait deviné Nicolino Caracciolo, la femme voilée n'était autre que la marquise de San-Clémente.

Au risque de perdre sa faveur et sa position près de la reine, qui ne lui avait pas dit, au reste, un mot de ce qui était arrivé, et qui n'avait changé en rien ses façons vis-à-vis d'elle, la marquise de San-Clemente, comme l'avait dit Roberto Brandi, était venue deux fois pour essayer de voir Nicolino.

Le commandant avait été inflexible : les prières n'avaient pu le toucher, l'offre d'un millier de ducats n'avait pu le corrompre.

Ce n'était point que le commandant Brandi fût la perle des honnêtes gens ; il s'en fallait, au contraire, du tout au tout. Mais c'était un homme assez fort en arithmétique pour calculer que, quand une place vaut dix ou douze mille ducats par an, il ne faut pas s'exposer à la perdre pour mille.

Et, en effet, quoique le traitement du gouverneur du château Saint-Elme ne fût en réalité que de quinze cents ducats, comme il était chargé de nourrir les prisonniers et que les arrestations venaient de durer et promettaient de durer encore longtemps à Naples, — de même que M. Delaunay, dont le traitement, comme gouverneur de la Bastille, était de douze mille francs fixe, parvenait à lui faire produire cent quarante mille livres, — de même Roberto Brandi, dont le traitement était de cinq ou six mille francs, tirait de son fort quarante ou cinquante mille francs.

Cela explique l'intégrité de Roberto Brandi. En apprenant les nouvelles du 9 décembre, c'est-à-dire le retour du roi, la défaite des Napolitains et la marche de l'armée française sur Naples, il avait été plus loin que le marquis Vanni, qui n'avait pas voulu se faire, de Nicolino, un ennemi acharné : Roberto Brandi avait rêvé de se faire, de Nicolino, non-seulement un ami, mais encore un protecteur. Et, à cet effet, il avait, comme nous l'avons vu, essayé de semer dans le cœur de son prisonnier, avant que celui-ci pût se douter dans quel but, cette graine qui fleurit si rarement, et qui, plus rarement encore, porte ses fruits, la reconnaissance.

Mais, quoiqu'il ne fût qu'à demi Napolitain, puisqu'il était Français par sa mère, Nicolino Caracciolo n'avait pas été assez naïf pour attribuer à une sympathie spontanée le changement qui, depuis la veille, s'était fait pour lui dans les façons du commandant. Aussi, l'avons-nous vu se demander quels étaient les événements extraordinaires qui avaient pu amener envers lui ce changement de façons.

La marquise, en lui apprenant la catastrophe de Rome et la fuite prochaine de la famille royale pour Palerme, lui apprit sur ce point tout ce qu'il désirait savoir.

Mais, nous n'avons pas besoin de le dire à nos lecteurs, qui, nous l'espérons, s'en seront aperçus, Nicolino était homme d'esprit. Il résolut de tirer tout le parti possible de la situation, en laissant peu à peu venir à lui Roberto Brandi. Il y avait évidemment, dans l'avenir et à un moment donné, un pacte avantageux pour tout le monde à faire entre le gouverneur du château Saint-Elme et les républicains.

Jusque-là, toutes les avances avaient été faites par le commandant du château, tandis que Nicolino n'était nullement engagé de son côté.

Quoique les instances obstinées de la marquise San-Clemente, pour arriver jusqu'à lui, instances qui avaient été couronnées par le succès, eussent laissé à Nicolino, si sceptique qu'il fût, peu de doutes sur son dévouement, soit que ce peu de doutes qui lui restait fût suffisant pour le tenir en réserve vis-à-vis d'elle, soit qu'il craignît qu'elle ne fût épiée, et qu'en la chargeant de quelque message pour ses compagnons, il ne les compromît et, en même temps, ne compromît la marquise elle-même, Nicolino n'occupa les deux heures qu'elle passa près de lui qu'à lui parler de son amour ou à le lui prouver.

Les amants se séparèrent enchantés l'un de l'autre et s'aimant plus que jamais. La marquise San-Clemente promit à Nicolino que, tous les soirs où elle ne serait pas de service près de la reine, elle les viendrait passer avec lui; et, Roberto Brandi ayant été interrogé sur la possibilité de mettre ce projet à exécution, et n'y ayant vu aucun empêchement de son côté, il fut convenu que les choses se passeraient ainsi.

Le commandant n'avait point été sans savoir que la dame voilée était la marquise de San-Clemente, c'est-à-dire une des dames d'honneur les plus avant dans l'intimité de la reine; et, par un jeu de bascule des plus simples, il comptait bien toujours se trouver sur ses pieds par la marquise de San-Clemente, si c'était le parti royal qui l'emportait, par Nicolino Caracciolo, si c'était, au contraire, les républicains qui avaient le dessus.

Les jours s'écoulèrent, nous avons vu de quelle façon, en projets de résistance de la part du roi et ensuite de la part de la reine. Rien ne fut changé à la position de Nicolino, si ce n'est que les soins du commandant à son égard, non-seulement continuèrent, mais allèrent toujours augmentant... Il eut du pain blanc, trois plats à son déjeuner, cinq à son dîner, du vin de France à discrétion, et la permission de se promener deux fois par jour sur les remparts, à la condition de donner sa parole d'honneur de ne point sauter du haut en bas.

La situation de Nicolino ne lui paraissait pas, surtout depuis la disparition du procureur fiscal et l'apparition de la marquise, tellement désespérée, qu'il dût, pour en sortir, risquer un suicide; aussi, sans se faire prier, donna-t-il sa parole d'honneur, t put-il, sur sa foi, se promener tout à son aise.

Par la marquise, qui tenait exactement sa parole et qui, grâce à l'indifférence qu'elle affectait pour le prisonnier et aux précautions qu'elle prenait pour le venir voir, n'était aucunement inquiétée, Nicolino Caracciolo savait toutes les nouvelles de la cour. Il connaissait le roi et ne crut jamais sérieusement à sa résistance, et, comme la marquise de San-Clemente faisait partie des personnes qui devaient suivre la cour à Palerme, il sut la vérité, entre sept et huit heures, le soir même du 21 décembre, c'est-à-dire trois heures avant la fuite de la famille royale.

La marquise ne savait rien positivement de ce qui devait se passer. Elle avait reçu l'ordre de se trouver à dix heures du soir dans les appartements de la reine; là, il lui serait fait communication de la résolution prise. La marquise n'avait aucun doute que la résolution prise ne fût celle du départ.

Elle revenait donc à tout hasard faire ses adieux à Nicolino. Ces adieux faits ne l'engageaient à rien, et, si elle restait, il serait toujours temps de les refaire.

On pleura beaucoup, on promit de s'aimer toujours, on fit venir le commandant, qui s'engagea, pourvu qu'elles lui fussent adressées, à remettre à Nicolino les lettres de la marquise, et qui, pourvu qu'il en prît lecture auparavant, promit de faire passer à la marquise les lettres de Nicolino; puis, toutes choses bien convenues, on échangea le plus près possible quelques paroles d'un désespoir assez calme pour ne point donner aux amants eux-mêmes de trop grandes inquiétudes l'un sur l'autre.

C'est une charmante chose que les amours faciles

et les passions raisonnables. Comme les goëlands dans la tempête, elles ne font que mouiller le bout de leurs ailes au sommet des vagues; puis le vent les emporte du côté vers lequel il souffle, et, plutôt que de lutter contre lui, elles se laissent, souriantes au milieu des larmes, dans une pose gracieuse, emporter par le vent comme les Océanides de Flaxman.

Le chagrin donna grand appétit à Nicolino. Il soupa de manière à effrayer son geôlier, qu'il força de boire avec lui à la santé de la marquise. Le geôlier protesta contre la violence qui lui était faite, mais il but.

Sans doute, la douleur avait tenu Nicolino éveillé fort avant dans la nuit; car, lorsque le commandant, vers huit heures du matin, entra dans le cachot de son prisonnier, il le trouva profondément endormi.

Cependant la nouvelle qu'il lui apportait était assez grave pour qu'il prît sur lui de l'éveiller. On lui avait envoyé, pour les afficher à l'intérieur et à l'extérieur du château, quelques-unes des proclamations qui annonçaient le départ du roi, qui promettaient son prochain retour, qui nommaient le prince Pignatelli vicaire général, et Mack lieutenant du royaume.

Les égards que le commandant avait voués à son prisonnier lui faisaient un devoir de lui commuquer cette proclamation avant de la faire connaître à personne.

La nouvelle, en effet, était grave; mais Nicolino y était préparé. Il se contenta de murmurer : « Pauvre marquise! » Puis, écoutant les sifflements du vent dans les corridors et les battements de la pluie au-dessus de sa tête, il ajouta, comme Louis XV regardant passer le convoi de madame de Pompadour :

— Elle aura mauvais temps pour son voyage.

— Si mauvais, répondit Roberto Brandi, que les vaisseaux anglais sont encore dans la rade et n'ont pu partir.

— Bah! vraiment! répondit Nicolino. Et peut-on, quoique ce ne soit pas l'heure de la promenade, monter sur les remparts?

— Certainement! La gravité de la situation serait une excuse, si l'on venait à me faire un crime de ma complaisance. Dans ce cas, n'est-ce pas, monsieur le duc, vous auriez la bonté de dire que cette complaisance, vous l'avez exigée de moi?

Nicolino monta sur le rempart, et, en sa qualité de neveu d'un amiral, comme il disait, reconnut, sur le *Van-Guard* et *la Minerve*, les pavillons qui indiquaient la présence du roi sur l'un de ces bâtiments et du prince de Calabre sur l'autre.

Le commandant, qui l'avait quitté un instant, le

rejoignit en lui apportant une excellente lunette d'approche.

Grâce à cette excellente lunette, il put suivre les péripéties du drame que nous avons raconté. Il vit la municipalité et les magistrats venant supplier vainement le roi de ne point partir; il vit le cardinal-archevêque monter à bord du *Van-Guard* et en descendre; il vit Vanni, chassé de *la Minerve*, rentrer désespéré derrière le môle. Une ou deux fois même, il vit apparaître sur le pont la belle marquise. Il lui sembla qu'elle levait tristement les yeux au ciel et essuyait une larme; et ce spectacle lui parut d'un intérêt tel, qu'il resta toute la journée sur le rempart, tenant sa lunette à la main, et ne quitta son observatoire que pour descendre, à la hâte, déjeuner et dîner.

Le lendemain, ce fut encore le commandant qui entra le premier dans sa chambre. Rien n'était changé depuis la veille : le vent continuait d'être contraire; les vaisseaux étaient toujours dans le port.

Enfin vers trois heures, on appareilla. Les voiles descendirent gracieusement le long des mâts et semblèrent faire un appel au vent. Le vent obéit, les voiles se gonflèrent : vaisseaux et frégates se mirent en mouvement et s'avancèrent lentement vers la haute mer. Nicolino reconnut à bord du *Van-Guard* une femme qui faisait des signes non équivoques de reconnaissance, et, comme cette femme ne pouvait être autre que la marquise de San-Clemente, il lui jeta à travers l'espace un tendre et dernier adieu.

Au moment où la flotte commençait à disparaître derrière Caprée, on vint annoncer à Nicolino que le dîner était servi, et, comme rien ne le retenait plus sur le rempart, il descendit vivement, pour ne pas donner aux plats, qui devenaient de plus en plus délicats, le temps de se refroidir.

Le même soir, le commandant, inquiet de la situation de cœur et d'esprit dans laquelle devait se trouver son prisonnier, après les terribles émotions de la journée, descendit dans son cachot, et le trouva aux prises avec une bouteille de syracuse.

Le prisonnier paraissait très-ému. Il avait le front rêveur et l'œil humide.

Il tendit mélancoliquement la main au commandant, lui versa un verre de syracuse et trinqua avec lui en secouant la tête.

Puis, après avoir vidé son verre jusqu'à la dernière goutte :

— Et quand je pense, dit-il, que c'est avec un pareil nectar qu'Alexandre VI empoisonnait ses convives! Il fallait que ce Borgia fût un bien grand coquin.

Puis, vaincu par l'émotion que lui causait ce souvenir historique, Nicolino laissa tomber sa tête sur la table et s'endormit!

IX

CE QU'ATTENDAIT LE GOUVERNEUR DU CHATEAU SAINT-ELME

Il est inutile que nous passions en revue de nouveau chacun des événements que nous avons déjà vus se dérouler sous nos yeux. Seulement, il est bon de dire que, du haut des remparts du château Saint-Elme, grâce à l'excellente lunette que lui avait laissée le commandant, Nicolino assistait à tout ce qui se passait dans les rues de Naples. Quant aux événements qui ne se produisaient point au grand jour, le commandant Roberto Brandi, qui était devenu pour son prisonnier un véritable ami, les lui racontait avec une fidélité qui eût fait honneur à un préfet de police faisant son rapport à son souverain.

C'est ainsi que Nicolino vit, du haut des remparts

le terrible et magnifique spectacle de l'incendie de la flotte, apprit le traité de Sparanisi, put suivre des yeux les voitures amenant les officiers français qui venaient toucher les deux millions et demi, sut le lendemain en quelle monnaie les deux millions et demi avaient été payés, assista enfin à toutes les péripéties qui suivirent le départ du vicaire général, depuis la nomination de Maliterno à la dictature jusqu'à l'amende honorable que nous lui avons vu faire de compte à demi avec Rocca-Ramana. Tous ces événements lui eussent, perçus par les yeux seulement, paru assez obscurs; mais les explications du commandant venaient les élucider et jouaient dans ce labyrinthe politique le rôle du fil d'Ariane.

On atteignit ainsi le 20 janvier.

Le 20 janvier, on apprit la rupture définitive de la trêve, à la suite de l'entrevue entre le général français et le prince de Maliterno, et l'on sut qu'à six heures du matin, les troupes françaises s'étaient ébranlées pour marcher sur Naples.

A cette nouvelle, les lazzaroni hurlèrent de rage, et, brisant toute discipline, mirent à leur tête Michele et Pagliuccella, criant qu'ils ne voulaient reconnaître qu'eux pour capitaines; puis, s'adjoignant les soldats et les officiers qui étaient revenus de Livourne avec le général Naselli, ils commencèrent à traîner des canons à Poggioreale, à Capodichino et à Capodimonte. D'autres batteries furent établies à la porte Capuana, à la Marinella, au largo delle Pigne et sur tous les points par lesquelles les Français pouvaient tenter d'entrer à Naples. C'était pendant cette journée où se préparait la défense, que, malgré les efforts de Michele et de Pagliucella, les pillages, les incendies et les meurtres avaient été le plus terribles.

Du haut des murailles du fort de Saint-Elme, Nicolino voyait avec terreur les cruautés qui s'accomplissaient. Il s'étonnait de ne voir le parti républicain prendre aucune mesure contre de pareilles atrocités, et se demandait si le comité républicain était réduit à un tel abandon, qu'il dût laisser les lazzaroni maîtres de la ville sans rien tenter contre les désordres qu'ils commettaient.

A tout moment, des clameurs nouvelles s'élevaient de quelque point de la ville et montaient jusqu'aux hauteurs où est située la forteresse. Des tourbillons de fumée s'élançaient tout à coup d'un pâté de maisons, et, poussés par le sirocco, passaient comme un voile entre la ville et le château. Des assassinats commencés dans les rues se continuaient par les escaliers et venaient se dénouer sur les terrasses des palais, presque à portée de fusil des sentinelles. Roberto Brandi veillait aux portes et aux poternes du château, dont il avait doublé les sentinelles, avec ordre de faire feu sur quiconque se présenterait, lazzaroni ou républicains. Il conduisait évidemment, avec des intentions hostiles, à un but caché, un plan arrêté avec lui-même.

La bannière royale continuait de flotter sur les murailles du fort, et, malgré le départ du roi, n'avait point disparu un instant.

Cette bannière, gage pour eux de la fidélité du commandant, réjouissait les yeux des lazzaroni.

Sa longue-vue à la main, Nicolino cherchait vainement dans les rues de Naples quelques figures de connaissance. On le sait, Maliterno n'était point rentré à Naples ; Rocca-Romana se tenait caché ; Manthonnet, Schipani, Cirillo et Velasco attendaient.

A deux heures de l'après-midi, on releva les sentinelles, comme cela se pratiquait, de deux heures en deux heures.

Il sembla à Nicolino que la sentinelle qui se trouvait la plus proche de lui, lui faisait un signe de tête.

Il ne parut point l'avoir remarqué ; mais, au bout de quelques secondes, il tourna de nouveau les yeux de son côté.

Cette fois, il ne lui resta aucun doute. Ce signe avait été d'autant plus visible que les trois autres sentinelles, les yeux fixés, les unes à l'horizon du côté de Capoue, où l'on s'attendait à voir déboucher les Français, les autres sur Naples, se débattant sous le fer et au milieu du feu, ne faisaient aucune attention à la quatrième sentinelle et au prisonnier.

Nicolino put donc se diriger vers le factionnaire et passer à un pas de lui.

— Aujourd'hui, en dînant, faites attention à votre pain, lui jeta en passant la sentinelle.

Nicolino tressaillit et continua sa route.

Son premier mouvement fut un mouvement de crainte : il crut qu'on voulait l'empoisonner.

Au bout d'une vingtaine de pas, il revint sur lui-même, et, en repassant devant le factionnaire :

— Du poison ? demanda-t-il.

— Non, répondit celui-ci, un billet.

— Ah ! fit Nicolino, la poitrine un peu dégagée.

Et, s'éloignant du factionnaire, il se tint à distance sans plus regarder de son côté.

Enfin, les républicains se décidaient donc à quelque chose! Le défaut d'initiative dans le *mezzo ceto* et dans la noblesse est le défaut capital des Napolitains. Autant le peuple, poussière soulevée au moindre vent, est toujours prêt aux émeutes, autant la classe moyenne et l'aristocratie sont difficiles aux révolutions.

C'est qu'à tout changement qui arrive, mezzo ceto et aristocratie craignent de perdre une portion de ce qu'ils possèdent, tandis que le peuple, qui ne possède rien, ne peut que gagner.

Il était trois heures de l'après-midi; Nicolino dînait à quatre : il n'avait, en conséquence, qu'une heure à attendre. Cette heure lui parut un siècle.

Enfin, elle passa, Nicolino comptant les quarts et les demies qui sonnaient aux trois cents églises de Naples.

Nicolino descendit, trouva son couvert mis comme d'habitude et son pain sur la table. Il examina négligemment son pain, n'y vit aucune rupture; sur toute sa rotondité, la croûte était lisse et intacte. Si un billet avait été introduit dans l'intérieur, c'était pendant la fabrication même du pain.

Le prisonnier commença de croire à un faux avis.

Il regarda le geôlier chargé de le servir à table, depuis l'amélioration croissante de ses repas, espérant voir en lui quelque encouragement à rompre son pain.

Le geôlier resta impassible.

Nicolino, pour avoir une occasion de le faire sortir, regarda si rien ne manquait sur la table. La table était irréprochablement préparée.

6.

— Mon cher ami, dit-il au geôlier, le commandant est si bon pour moi, que je ne doute pas que, pour m'ouvrir l'appétit, il ne me donne une bouteille d'asprino, si je la lui demande.

L'asprino correspond à Naples, au vin de Suresne, à Paris.

Le geôlier sortit en faisant un mouvement des épaules qui signifiait :

— En voilà une idée de demander du vinaigre quand on a sur sa table du lacrima-cristi et du monte de Procida.

Mais, comme on lui avait recommandé d'avoir les plus grands égards pour le prisonnier, il s'empressa d'obéir avec tant de diligence, que, pour aller plus vite, il ne ferma même pas, en s'éloignant, la porte du cachot.

Nicolino le rappela.

— Qu'y a-t-il, Excellence ? demanda le geôlier.

— Il y a que je vous prie de fermer votre porte, mon ami, répondit Nicolino : les portes ouvertes donnent des tentations aux prisonniers.

Le geôlier, qui savait la fuite impossible au château Saint-Elme, à moins que, comme Hector Caraffa, on ne descendit du haut des murailles avec une corde, referma la porte, non point pour sa conscience, mais pour ne pas désobliger Nicolino.

La clef ayant fait dans la serrure son mouvement et son bruit de rotation qui indiquaient la clôture à double tour, Nicolino, certain de ne pas être surpris, brisa son pain.

On ne l'avait point trompé : au beau milieu de la mie était un billet roulé, lequel, collé à la pâte, indiquait qu'il n'avait pu y être introduit que pendant la fabrication, comme l'avait pensé le prisonnier.

Nicolino prêta l'oreille, et, n'entendant aucun bruit, ouvrit vivement le billet.

Il contenait ces mots :

« Jetez-vous sur votre lit sans vous déshabiller ; ne vous inquiétez point du bruit que vous entendrez de onze heures à minuit; il sera fait par des amis ; seulement, tenez-vous prêt à les seconder. »

— Diable ! murmura Nicolino, ils ont bien fait de me prévenir ; je les eusse pris pour des lazzaroni, et j'eusse tapé dessus. Voyons le post-scriptum :

« Il est urgent que, demain, le drapeau français flotte, au point du jour, sur les murailles du château Saint-Elme. Si notre tentative échouait, faites ce que vous pourrez de votre côté pour arriver à ce but. Le comité met cinq cent mille francs à votre disposition. »

Nicolino déchira le billet en morceaux impalpables, qu'il éparpilla sur toute la longueur de son cachot.

Il achevait cette opération lorsque la clef tourna dans la serrure, et que son geôlier entra une bouteille d'asprino à la main.

Nicolino, qui tenait de sa mère un palais français, n'avait jamais pu souffrir l'asprino; mais, dans cette occasion, il lui parut qu'il devait faire un sacrifice à la patrie. Il remplit son verre, le leva en l'air, porta un toast à la santé du commandant, le vida d'un trait et fit clapper sa langue avec autant d'énergie qu'il eût pu le faire après un verre de chambertin, de château-laffitte ou de bouzi.

L'admiration du geôlier pour Nicolino redoubla : il fallait être doué d'un courage héroïque pour boire sans grimace un verre d'un pareil vin.

Le dîner était encore meilleur que d'habitude. Nicolino en fit son compliment au gouverneur, qui vint, comme il en prenait de plus en plus l'habitude, lui faire sa visite au café.

— Bon ! dit Roberto Brandi, les compliments reviennent, non pas au cuisinier, mais à l'asprino, qui vous aura ouvert l'appétit.

Nicolino n'avait point l'habitude de remonter sur le rempart après son dîner, qu'il prolongeait, surtout depuis qu'il s'était amélioré, jusqu'à cinq heures et demie et même six heures du soir. Mais, surexcité, non point par l'asprino qu'il avait bu, comme le croyait le commandant, mais par le billet qu'il avait reçu; voyant le seigneur Roberto Brandi de bonne humeur et ne doutant pas que Naples ne fût au moins aussi curieux à voir de nuit que de jour, il se plaignit avec tant d'insistance d'une certaine lourdeur d'estomac et d'un certain embarras de tête, que, de lui-même, le commandant lui demanda s'il ne voulait point prendre l'air.

Nicolino se fit prier un instant; puis enfin, pour ne pas le désobliger, consentit à monter avec le commandant sur le rempart.

Naples présentait dans la soirée le même spectacle que pendant le jour, excepté que, vu à travers les ténèbres, il devenait plus effrayant. Et, en effet, le pillage et les assassinats s'exécutaient à la lueur des torches qui, courant dans l'obscurité comme des insensées, semblaient jouer quelque jeu fantastique et terrible inventé par la mort. De leur côté, les incendies, détachant les flammes ardentes de la fumée épaisse qui les couronnait, offraient à Nicolino la même représentation que Rome, dix-huit cents ans auparavant, avait donnée à Néron. Rien n'eût empêché Nicolino, s'il eût voulu se couronner de roses et chanter des vers d'Horace sur sa lyre, de se croire le divin empereur successeur de Claude et fils d'Agrippine et de Domitius.

Mais Nicolino n'était pas fantaisiste à ce point; Nicolino avait tout simplement sous les yeux le spectacle d'une scène de meurtre et d'incendie comme Naples n'en avait point donné depuis la révolte de Masaniello, et Nicolino, la rage au fond du cœur, regardait ces canons dont le col de bronze s'allongeait hors des remparts, et se disait que, s'il était gouverneur du château à la place de Roberto Brandi, il aurait bientôt forcé toute cette canaille à chercher un abri dans les égouts d'où elle sortait.

En ce moment, il sentit une main qui s'appuyait sur son épaule, et, comme si elle eût pu lire au plus profond de sa pensée, une voix lui dit :

— A ma place, que feriez-vous ?

Nicolino n'eut pas besoin de se retourner pour savoir qui lui parlait ainsi : il reconnut la voix du digne commandant.

— Par ma foi, répondit Nicolino, je n'hésiterais pas, je vous le jure : je ferais feu sur les assassins, au nom de l'humanité et de la civilisation.

— Comme cela ? sans savoir ce que me rapportera ou me coûtera chaque coup de canon que je tirerai ? A votre âge et en paladin français, vous dites : *Fais ce que dois, advienne que pourra.*

— C'est le chevalier Bayard qui a dit cela.

— Oui; mais, à mon âge, et père de famille comme je suis, je dis : *Charité bien ordonnée est de commencer par soi-même.* Ce n'est pas le chevalier Bayard qui a dit cela ; c'est le bon sens.

— Ou l'égoïsme, mon cher gouverneur.

— Cela se ressemble diablement, mon cher prisonnier.

— Mais, enfin, que voulez-vous?

— Mais je ne veux rien. Je suis à mon balcon, balcon bien tranquille : rien ne m'atteindra ici. Je regarde et j'attends.

— Je vois bien que vous regardez; mais je ne sais pas ce que vous attendez.

— J'attends ce qu'attend le gouverneur d'une forteresse imprenable : j'attends qu'on me fasse des propositions.

Nicolino prit ces paroles pour ce qu'elles étaient, en effet, c'est-à-dire pour une ouverture ; mais, outre qu'il n'avait pas mission de traiter au nom des républicains, mission qu'à la rigueur il se fût donnée à lui-même, le billet qu'il avait reçu lui recommandait tout simplement de se tenir tranquille, et d'aider, s'il était en son pouvoir, aux événements qui devaient s'accomplir de onze heures à minuit.

Qui lui disait que ce qu'il arrêterait avec le commandant, si avantageux que cela fût, selon lui, aux intérêts de la future république parthénopéenne, s'accorderait avec les plans des républicains ?

Il garda donc le silence, ce que voyant le commandant Roberto Brandi, il fit, pour la troisième ou la quatrième fois, le tour des remparts en sifflant et en recommandant aux sentinelles la plus grande vigilance, aux artilleurs de veiller près de leurs pièces, la mèche allumée.

X

OU L'ON VOIT ENFIN COMMENT LE DRAPEAU FRANÇAIS AVAIT ÉTÉ ARBORÉ SUR LE CHATEAU SAINT-ELME.

Nicolino écouta en silence le commandant donner des ordres, d'une voix assez haute, au contraire, pour qu'elle fût entendue de son prisonnier.

Ce redoublement de surveillance l'inquiéta ; mais il connaissait la prudence et le courage de ceux qui lui avaient fait passer l'avis qu'il avait reçu, et il se confiait à eux.

Seulement, il lui fut démontré plus clair que jamais que toutes les attentions successives et croissantes qu'avait eues pour lui le directeur de la forteresse n'avaient d'autre but que d'amener Nicolino à lui faire quelque ouverture ou à recueillir les siennes; ce qui serait arrivé, sans aucun doute, si Nicolino ne se fût, à cause de l'avis reçu, tenu sur la réserve.

Le temps s'écoula sans aucun rapprochement entre le gouverneur et son prisonnier. Seulement, comme par oubli, celui-ci eut la permission de rester sur le rempart.

Dix heures sonnèrent. On se rappelle que c'était l'heure indiquée par Maliterno à l'archevêque, pour sonner, sous peine de mort, toutes les cloches de Naples. A la dernière vibration des bronzes, toutes les cloches éclatèrent à la fois.

Nicolino était préparé à tout, excepté à ce concert de cloches, et le gouverneur, à ce qu'il paraît, n'y était pas plus préparé que lui; car, à ce bruit inattendu, Roberto Brandi se rapprocha de son prisonnier et le regarda avec étonnement.

— Oui, je comprends bien, dit Nicolino, vous me demandez ce que signifie cet effroyable charivari; j'allais vous faire la même question.

— Alors, vous l'ignorez?

7

— Parfaitement. Et vous?

— Moi aussi.

— Alors, promettons-nous que le premier des deux qui l'apprendra en fera part à son voisin.

— Je vous le promets.

— C'est incompréhensible, mais c'est curieux, et j'ai payé bien cher, souvent, ma loge à Saint-Charles pour voir un spectacle qui ne valait pas celui-ci.

Mais, contre l'attente de Nicolino, le spectacle devenait de plus en plus curieux.

En effet, comme nous l'avons dit, arrêtés au milieu de leur infernale besogne par une voix qui semblait leur parler d'en haut, les lazzaroni, qui entendent mal la langue céleste, coururent en demander l'explication à la cathédrale.

On sait ce qu'ils y trouvèrent : la vieille métropole éclairée *à giorno*, le sang et la tête de saint Janvier exposés, le cardinal-archevêque en habits sacerdotaux, enfin Rocca-Romana et Maliterno en costume de pénitents, pieds nus, en chemise et la corde au cou.

Les deux spectateurs, pour lesquels on eût pu croire que le spectacle était fait, virent alors l'étrange procession sortir de l'église, au milieu des pleurs, des cris, des lamentations. Les torches étaient si nombreuses et jetaient un tel éclat, qu'à l'aide de sa lunette, que le commandant envoya chercher, Nicolino reconnut l'archevêque sous son dais, portant le saint sacrement, les chanoines portent à ses côtés le sang et la tête de saint Janvier, et enfin, derrière les chanoines, Maliterno et Rocca-Romana, dans leur étrange costume, et qui, comme le quatrième officier de *Malbrouck,* ne portaient rien, ou plutôt portaient, de tous les poids, le plus pesant : les péchés du peuple.

Nicolino savait son frère Rocca-Romana aussi sceptique lui, et Maliterno aussi sceptique que son frère. Il fut donc, malgré la grande préoccupation qui le tenait, pris d'un rire homérique en reconnaissant les deux pénitents.

Quelle était cette comédie ? dans quel but était-elle jouée ? C'était ce que ne pouvait s'expliquer Nicolino que par ce mélange, tout particulier à Naples, du grotesque au sacré.

Sans doute, entre onze heures et minuit, aurait-il l'explication de tout cela.

Roberto Brandi, qui n'attendait aucune explication, paraissait plus inquiet et plus impatient que son prisonnier ; car lui aussi connaissait Naples et se doutait qu'il y avait quelque immense piége caché sous cette comédie religieuse.

Nicolino et le commandant suivirent des yeux, avec la plus grande curiosité, la procession dans les différentes évolutions qu'elle accomplit depuis sa sortie de la cathédrale jusqu'à sa rentrée; puis ils virent le bruit diminuer, les torches s'éteindre, et y succéder le silence et l'obscurité.

Quelques maisons auxquelles le feu avait été mis continuèrent de brûler; mais personne ne s'en occupa.

Onze heures sonnèrent.

— Je crois, dit Nicolino, qui désirait suivre les instructions du billet en rentrant dans son cabinet, je crois que la représentation est terminée. Qu'en dites-vous, mon commandant?

— Je dis que j'ai encore quelque chose à vous faire voir avant que vous rentriez chez vous, mon cher prisonnier.

Et il lui fit signe de le suivre.

— Nous nous sommes, lui dit-il, jusqu'à présent préoccupés de ce qui se passe à Naples, depuis Mergellina jusqu'à la porte Capuana, — c'est-à-dire à l'ouest, au midi et à l'est : — occupons-nous un peu de ce qui se passe au nord. Quoique ce qui nous vient de ce côté fasse peu de bruit et jette peu de lumière, cela vaut la peine que nous y accordions un instant d'attention.

Nicolino se laissa conduire par le gouverneur sur la partie du rempart exactement opposée à celle du haut de laquelle il venait de contempler Naples, et, sur les collines qui enveloppent la ville, depuis celle de Capodimonte jusqu'à celle de Poggioreale, il vit une ligne de feux disposés avec la régularité d'une armée en marche.

— Ah! ah! fit Nicolino, voilà du nouveau, ce me semble.

— Oui, et qui n'est pas sans intérêt, n'est-ce pas?

— C'est l'armée française? demanda Nicolino.

— Elle-même, répondit le gouverneur.

— Demain, alors, elle entrera à Naples.

— Oh! que non! On n'entre point à Naples comme cela quand les lazzaroni ne veulent pas qu'on y entre. On se battra deux, trois jours, peut-être.

— Eh bien, après? demanda Nicolino.

— Après?... Rien, répondit le gouverneur. C'est à nous de songer à ce que peut, dans un pareil conflit, faire de bien ou de mal à ses alliés, quels qu'ils soient, le gouverneur du château Saint-Elme.

— Et peut-on savoir, en cas de conflit, pour qui seraient vos préférences?

— Mes préférences! Est-ce qu'un homme d'esprit a des préférences, mon cher prisonnier? Je vous ai fait ma profession de foi en vous disant que j'étais père de famille, et en vous citant le proverbe français : *Charité bien ordonnée est de commencer par soi-même*.

Rentrez chez vous; méditez là-dessus. Demain, nous causerons politique, morale et philosophie, et, comme les Français ont encore un autre proverbe qui dit : *La nuit porte conseil,* eh bien, demandez des conseils à la nuit; au jour, vous me ferez part de ceux qu'elle vous aura donnés. Bonsoir, monsieur le duc !

Et, comme, tout en causant, on était arrivé au haut de l'escalier qui conduisait aux prisons inférieures, le geôlier reconduisit Nicolino à son cachot et l'y enferma, comme d'habitude, à double tour.

Nicolino se trouva dans la plus complète obscurité.

Par bonheur, les instructions qu'il avait reçues n'étaient point difficiles à suivre. Il se dirigea à tâtons vers son lit, le trouva et se jeta dessus tout habillé.

A peine y était-il depuis cinq minutes, qu'il entendit le cri d'alarme, cri suivi d'une fusillade assez vive et de trois coups de canon.

Puis tout rentra dans le silence le plus absolu.

Qu'était-il arrivé ?

Nous sommes obligés de dire que, malgré le courage bien éprouvé de Nicolino, le cœur lui battait fort en se faisant cette question.

Dix autres minutes ne s'étaient point écoulées, que Nicolino entendit un pas dans l'escalier, une clef tourna dans la serrure, les verrous grincèrent et la porte s'ouvrit, donnant passage au digne commandant, éclairé d'une bougie qu'il tenait lui-même à la main.

Roberto Brandi referma la porte avec la plus grande précaution, déposa sa bougie sur la table, prit une chaise et vint s'asseoir près du lit de son prisonnier, qui, ignorant absolument où aboutirait toute cette mise en scène, le laissait faire sans lui adresser une seule parole.

— Eh bien, lui dit le gouverneur lorsqu'il fut assis à son chevet, je vous le disais bien, mon cher prisonnier, que le château Saint-Elme était d'une certaine importance dans la question qui doit se plaider demain.

— Et à quel propos, mon cher commandant, venez-vous, à une pareille heure, vous féliciter près de moi de votre perspicacité ?

— Parce que c'est toujours une satisfaction d'amour-propre, que de pouvoir dire à un homme d'esprit comme vous : « Vous voyez bien que j'avais raison; » ensuite parce que je crois que, si nous attendons à demain pour causer de nos petites affaires, dont vous n'avez pas voulu causer ce soir, — je sais maintenant pourquoi, — si nous attendons à demain, dis-je, il pourra bien être trop tard.

— Voyons, mon cher commandant, demanda Nicolino, il s'est donc passé quelque chose de bien important depuis que nous nous sommes quittés ?

— Vous allez en juger. Les républicains, qui avaient, je ne sais comment, surpris mon mot d'ordre, qui était *Pausilippe et Parthénope,* se sont présentés à la sentinelle ; seulement, celui qui était chargé de dire *Parthénope* a confondu la nouvelle ville avec l'ancienne et a dit *Napoli* au lieu de *Parthénope.* La sentinelle, qui ne savait probablement pas que *Parthénope* et *Napoli* ne font qu'un ou plutôt ne font qu'une, a donné l'alarme ; le poste a fait feu, mes artilleurs ont fait feu, et le coup a été manqué. De sorte, mon cher prisonnier, que, si c'est dans l'attente de ce coup-là que vous vous êtes jeté tout habillé sur votre lit, vous pouvez vous déshabiller et vous coucher, à moins cependant que vous n'aimiez mieux vous lever pour que nous causions chacun d'un côté de cette table, comme deux bons amis.

— Allons, allons, dit Nicolino en se levant, ramassez les atouts, abattez votre jeu, et causons.

— Causons! dit le gouverneur, c'est bientôt dit.

— Dame, c'est vous qui me l'offrez, ce me semble.

— Oui, mais après quelques éclaircissements.

— Lesquels? Dites.

— Avez-vous des pouvoirs suffisants pour causer avec moi?

— J'en ai.

— Ce dont nous causerons ensemble sera-t-il ratifié par vos amis?

— Foi de gentilhomme!

— Alors, il n'y a plus d'empêchements. Asseyez-vous, mon cher prisonnier.

— Je suis assis.

— MM. les républicains ont donc bien besoin du château Saint-Elme? Voyons!

— Après la tentative qu'ils viennent de faire, vous me traiteriez de menteur si je vous disais que sa possession leur est tout à fait indifférente.

— Et, en supposant que messire Roberto Brandi, gouverneur de ce château, substituât en son lieu et place le très-haut et très-puissant seigneur Nicolino, des ducs de Rocca-Romana et des princes Caraccioli, que gagnerait à cette substitution ce pauvre Roberto Brandi?

— Messire Roberto Brandi m'a prévenu, je crois, qu'il était père de famille?

— J'ai oublié de dire époux et père de famille.

— Il n'y a pas de mal, puisque vous réparez à temps votre oubli. Donc, une femme?

— Une femme.

— Combien d'enfants?

— Deux : des enfants charmants, surtout la fille, qu'il faut songer à marier.

— Ce n'est point pour moi que vous dites cela, je présume?

— Je n'ai pas l'orgueil de porter mes yeux si haut : c'est une simple observation que je vous faisais, comme digne d'exciter votre intérêt.

— Et je vous prie de croire qu'elle l'excite au plus haut degré.

— Alors, que pensez-vous que puissent faire pour un homme qui leur rend un très-grand service, pour la femme et les enfants de cet homme, les républicains de Naples?

— Eh bien, que diriez-vous de dix mille ducats?

— Oh! interrompit le gouverneur.

— Attendez donc, laissez-moi dire.

— C'est juste; dites.

— Je répète. Que diriez-vous de dix mille ducats de gratification pour vous, de dix mille ducats d'épingles pour votre femme, de dix mille ducats de bonne main à votre fils, et de dix mille ducats de dot à votre fille?

— Quarante mille ducats?

— Quarante mille ducats.

— En tout?

— Dame !

— Cent quatre-vingt-dix mille francs?

— Juste.

— Ne trouvez-vous pas qu'il est indigne d'hommes comme ceux que vous représentez de ne pas offrir des sommes rondes?

— Deux cent mille livres, par exemple?

— Oui, à deux cent mille livres, on réfléchit.

— Et à combien terminerait-on?

— Tenez, pour ne pas vous faire marchander, à deux cent cinquante mille livres.

— C'est un joli denier que deux cent cinquante mille livres!

— C'est un joli morceau que le château Saint-Elme.

— Hum!

— Vous refusez?

— Je me consulte.

— Vous comprendrez ceci, mon cher prisonnier : on dit... Toute la journée, nous avons parlé par proverbes; passez-moi donc encore celui-ci : je vous promets que ce sera le dernier.

— Je vous le passe.

— Eh bien, on dit que tout homme trouve une fois dans sa vie l'occasion de faire fortune, que le tout est pour lui de ne pas laisser échapper l'occasion.

L'occasion passe à côté de la main : je la prends par ses trois cheveux, et je ne la lâche pas, morbleu!

— Je ne veux pas y regarder de trop près avec vous, mon cher gouverneur, reprit Nicolino, d'autant plus que je n'ai qu'à me louer de vos bons procédés : vous aurez vos deux cent cinquante mille livres.

— A la bonne heure.

— Seulement, vous comprenez que je n'ai pas deux cent cinquante mille livres dans ma poche.

— Bon! monsieur le duc, si l'on voulait faire toutes les affaires au comptant, on ne ferait jamais d'affaires.

— Alors, vous vous contenterez de mon billet?

Roberto Brandi se leva et salua.

— Je me contenterai de votre parole, prince les dettes de jeu sont sacrées, et nous jouons dans ce moment-ci, et gros jeu, car nous jouons chacun notre tête.

— Je vous remercie de votre confiance en moi, monsieur, répondit Nicolino avec une suprême dignité; je vous prouverai que j'en étais digne. Maintenant, il ne s'agit plus que de l'exécution, des moyens.

— C'est pour arriver à ce but que je vous demanderai, mon prince, toute la complaisance possible.

— Expliquez-vous.

— J'ai eu l'honneur de vous dire que, puisque je tenais l'occasion par les cheveux, je ne la lâcherais point sans y trouver une fortune.

— Oui. Eh bien, il me semble qu'une somme de deux cent cinquante mille francs...

— Ce n'est point une fortune, cela, monsieur le duc. Vous qui êtes riche à millions, vous devez le comprendre.

— Merci !

— Non : il me faut cinq cent mille francs.

— Monsieur le commandant, je suis fâché de vous dire que vous manquez à votre parole.

— En quoi, si ce n'est pas à vous que je les demande ?

— Alors, c'est autre chose.

— Et si j'arrive à me faire donner par Sa Majesté le roi Ferdinand, pour ma fidélité, le même prix que vous m'offrez pour ma trahison ?

— Oh ! le vilain mot que vous venez de dire là !

Le commandant, avec le comique sérieux particulier aux Napolitains, prit la bougie, alla regarder derrière la porte, sous le lit, et revint poser la bougie sur la table.

— Que faites-vous ? lui demanda Nicolino.

— J'allais voir si quelqu'un nous écoutait.

— Pourquoi cela ?

— Mais parce que, si nous ne sommes que nous deux, vous savez bien que je suis un traître, un peu plus adroit, un peu plus spirituel que les autres peut-être, mais voilà tout.

— Et comment comptez-vous vous faire donner par le roi Ferdinand deux cent cinquante mille francs pour prix de votre fidélité ?

— C'est pour cela justement que j'ai besoin de toute votre complaisance.

— Comptez dessus; seulement, expliquez-vous.

— Pour en arriver là, mon cher prisonnier, il ne faut pas que je sois votre complice, il faut que je sois votre victime.

— C'est assez logique, ce que vous me dites là. Eh bien, voyons, comment pouvez-vous devenir ma victime ?

— C'est bien facile.

Le commandant tira des pistolets de sa poche.

— Voilà des pistolets.

— Tiens, dit Nicolino, ce sont les miens.

— Que le procureur fiscal a oubliés ici... Vous savez comment il a fini, ce bon marquis Vanni ?

— Vous m'avez annoncé sa mort, et je vous ai même répondu que j'avais le regret de ne pas le regretter.

— C'est vrai. Vous vous êtes donc procuré vos

pistolets, qui étaient je ne sais où, par vos intelligences dans le château; de sorte que, quand je suis descendu, vous m'avez mis le pistolet sur la gorge.

— Très-bien, fit Nicolino en riant : comme cela.

— Prenez garde! ils sont chargés. Puis, le pistolet sur la gorge toujours, vous m'avez lié à cet anneau scellé dans la muraille.

— Avec quoi? avec les draps de mon lit?

— Non, avec une corde.

— Je n'en ai pas.

— Je vous en apporte une.

— A la bonne heure : vous êtes homme de précaution.

— Quand on veut que les choses réussissent, n'est-ce pas? il ne faut rien négliger.

— Après?

— Après? Lorsque je suis bien lié et bien garrotté à cet anneau, vous me bâillonnez avec votre mouchoir afin que je ne crie pas ; vous refermez la porte sur moi, et vous profitez de ce que j'ai eu l'imprudence d'envoyer en patrouille tous les hommes dont je suis sûr, et de ne laisser dans l'intérieur et aux portes que les déserteurs, pour faire une émeute.

— Et comment ferai-je cette émeute?

— Rien de plus facile. Vous offrirez dix ducats par homme. Ils sont une trentaine d'hommes, mettez-en trente-cinq avec les employés : c'est trois cent cinquante ducats. Vous distribuez immédiatement vos trois cent cinquante ducats; vous changez le mot d'ordre, et vous commandez de faire feu sur la patrouille, si elle insiste pour entrer.

— Et où prendrai-je les trois cent cinquante ducats?

— Dans ma poche; seulement, c'est un compte à part, vous comprenez.

— A joindre aux deux cent cinquante mille livres : très-bien !

— Une fois maître du château, vous me déliez, vous me laissez dans votre cachot, vous me traitez aussi mal que je vous y ai bien traité; puis, une nuit, quand vous m'avez payé mes deux cent cinquante mille francs et rendu mes trois cent cinquante ducats, vous me faites jeter à la porte, par pitié; je descends jusqu'au port, je frète une barque, un speronare, une felouque; j'aborde en Sicile à travers mille périls, et je vais demander au roi Ferdinand le prix de ma fidélité. Le chiffre auquel je l'étendrai me regarde; au reste, vous le connaissez.

— Oui, deux cent cinquante mille francs.

— Tout cela est-il bien entendu ?

— Oui.

— J'ai votre parole d'honneur ?

— Vous l'avez.

— A l'œuvre, alors ! Vous tenez le pistolet, que vous pouvez reposer sur la table de peur d'accident ; voici les cordes, et voici la bourse. Ne craignez pas de serrer les cordes ; ne m'étouffez pas avec le mouchoir. Vous en avez encore pour une bonne demi-heure avant que la patrouille rentre.

Tout se passa exactement, comme l'avait prévu l'intelligent gouverneur, et l'on eût dit qu'il avait donné ses ordres d'avance pour que Nicolino ne rencontrât aucun obstacle. Le commandant fut lié, garrotté, bâillonné à point ; la porte fut refermée sur lui. Nicolino ne rencontra personne, ni sur les escaliers, ni dans les caves. Il alla droit au corps de garde, y entra, fit un magnifique discours patriotique, et, comme, à la fin de son discours, il remarquait une certaine hésitation parmi ceux auxquels il s'adressait, il fit sonner son argent et lâcha la parole magique qui devait tout enlever : « Dix ducats par homme. » A ces mots, en effet, les gestes d'hésitation disparurent, les cris de « Vive la liberté ! » retentirent. On sauta sur les armes, on courut aux postes et aux remparts, on menaça la patrouille de faire feu sur elle si elle ne disparaissait à l'instant même dans les profondeurs du Vomero ou dans les vicoli de l'Infrascata. La patrouille disparut comme disparaît un fantôme par une trappe de théâtre.

Puis on s'occupa de confectionner un drapeau tricolore, opération à laquelle on arriva, non sans peine, avec un morceau d'une ancienne bannière blanche, un rideau de fenêtre et un couvre-pieds rouge. Ce travail terminé, on abattit la bannière blanche et l'on éleva la bannière tricolore.

Enfin, tout à coup Nicolino sembla songer au malheureux commandant dont il avait usurpé les fonctions. Il descendit avec quatre hommes dans son cachot, le fit délier et débâillonner en lui tenant le pistolet sur la gorge, et, malgré ses gémissements, ses prières et ses supplications, il le laissa à sa place, dans le fameux cachot numéro 3, au deuxième au-dessous de l'entre-sol.

Et voilà comment, le 21 janvier au matin, Naples, en se réveillant, vit la bannière tricolore française flotter sur le château Saint-Elme.

XI

LES FOURCHES CAUDINES.

Championnet aussi la vit, la bannière sainte, et aussitôt il donna l'ordre à son armée de marcher sur Naples, afin de l'attaquer vers onze heures du matin.

Si nous écrivions un roman au lieu d'écrire un livre historique, où l'imagination n'est qu'accessoire, on ne doute pas que nous n'eussions trouvé moyen d'amener Salvato à Naples, ne fût-ce qu'avec les officiers français venant toucher les cinq millions convenus par la trêve de Sparanisi. Au lieu d'aller au spectacle avec ses compagnons, au lieu de s'occuper de la rentrée des cinq millions avec Archambal, — rentrée qui, on se le rappelle, ne rentra point, — nous l'eussions conduit à cette maison du Palmier, où il avait laissé, sinon la totalité, du moins la moitié de cette âme à laquelle le sceptique chirurgien du mont Cassin ne pouvait croire, et, au lieu d'un long récit intéressant, mais froid comme toute narration politique, nous eussions eu des scènes passionnées, rehaussées de toutes les craintes qu'eussent inspirées à la pauvre Luisa les terribles scènes de carnage dont la rumeur arrivait jusqu'à elle. Mais nous sommes forcé de nous renfermer dans l'inflexible exigence des faits, et, quel que fût l'ardent désir de Salvato, il lui avait fallu avant tout suivre les ordres de son général, qui, dans son ignorance de l'irrésistible aimant qui attirait son chef de brigade vers Naples, l'en avait plutôt éloigné que rapproché.

A San-Germano, au moment même où, après avoir passé la nuit au couvent du mont Cassin, Salvato venait d'embrasser et de quitter son père, Championnet lui avait donné l'ordre de prendre la 17° demi-brigade, et, en faisant un circuit pour protéger et éclairer le reste de l'armée, de marcher sur Bénévent par Venafro, Marcone et Ponte-Landolfo. Salvato devait constamment se tenir en communication avec le général en chef.

Ainsi jeté au milieu des brigands, Salvato eut tous les jours une attaque nouvelle à repousser; toutes les nuits, une surprise à découvrir et à déjouer. Mais Salvato, né dans le pays, parlant la langue du pays, était à la fois l'homme de la grande guerre, c'est-à-dire de la bataille rangée, par son sang-froid, par son courage et par ses études stratégiques, et celui de la petite guerre, c'est-à-dire de la guerre de montagnes, par son infatigable activité, sa vigilance perpétuelle et cet instinct du danger que Fenimore Cooper nous montre si bien développés chez les peuplades rouges de l'Amérique du Nord. Pendant cette marche longue et difficile dans laquelle on eut, au mois de décembre, des rivières glacées à franchir, des montagnes couvertes de neige à traverser, des chemins boueux et défoncés à suivre, ses soldats, au milieu desquels il vivait, secourant les blessés, soutenant les faibles, louant les forts, ses soldats purent reconnaître l'homme supérieur et bon à la fois, et, n'ayant à lui reprocher ni une erreur, ni une faiblesse, ni une injustice, se groupèrent autour de lui avec le respect non-seulement de subordonnés pour leur chef, mais encore d'enfants pour leur père.

Arrivé à Venafro, Salvato avait appris que le chemin ou plutôt le sentier des montagnes était impraticable. Il était remonté jusqu'à Iserma par une assez belle route, qu'il lui avait fallu conquérir pas à pas sur les brigands; puis, de là, par un chemin détourné, il avait, à travers monts, bois et vallées, atteint le village ou plutôt la ville de Bocano.

Il lui fallut cinq jours pour faire cette route, que, dans les temps ordinaires, on peut faire en une étape.

Ce fut à Bocano qu'il apprit la trêve de Sparanisi, qu'il reçut l'ordre de s'arrêter et d'attendre de nouvelles instructions.

La trêve de Sparanisi rompue, Salvato se remit en marche, et, en combattant toujours, gagna Marcone. A Marcone, il apprit l'entrevue de Championnet avec les députés de la ville, et la décision prise le même jour par le général en chef d'attaquer Naples le lendemain.

Ses instructions portaient de marcher sur Bénévent et de se rabattre immédiatement sur Naples, pour seconder le général dans son attaque du 21.

Le 20 au soir, après une double étape, il entrait à Bénévent.

La tranquillité avec laquelle s'était opérée cette marche donnait à Salvato de grandes inquiétudes. Si les brigands lui avaient laissé le chemin libre de Marcone à Bénévent, c'était, sans aucun doute, pour le lui disputer ailleurs et dans une meilleure position.

Salvato, qui n'avait jamais parcouru le pays dans lequel il était engagé, le connaissait du moins stratégiquement. Il savait qu'il ne pouvait aller de Bénévent à Naples sans passer par l'ancienne vallée Caudia, c'est-à-dire par ces fameuses Fourches Caudines, où, trois cent vingt et un ans avant le Christ, les légions romaines, commandées par le consul Spurnius Postumus, furent battues par les Samnites et forcées de passer sous le joug.

Une de ces illuminations comme en ont des hommes de guerre lui dit que c'était là que l'attendaient les brigands.

Mais Salvato résolut, les cartes de la Terre de Labour et de la principauté étant incomplètes, de visiter le pays par lui-même.

A huit heures du soir, il se déguisa en paysan, monta son meilleur cheval, se fit accompagner d'un hussard de confiance, à cheval comme lui, et se mit en chemin.

A une lieue de Bénévent, à peu près, il laissa dans un bouquet de bois son hussard et les chevaux, et s'avança seul.

La vallée se rétrécissait de plus en plus, et, à la clarté de la lune, il pouvait distinguer la place où elle semblait se fermer tout à fait. Il était évident que c'était à cette même place que les Romains s'étaient aperçus, mais trop tard, du piége qui leur avait été tendu.

Salvato, au lieu de suivre le chemin, se glissa au milieu des arbres qui garnissent le fond de la vallée, et arriva ainsi à une ferme située à cinq cents pas, à peu près, de cet étranglement de la montagne.

Il sauta par-dessus une haie et se trouva dans un verger.

Une grande lueur venait d'une partie de la maison séparée du reste de la ferme. Salvato se glissa jusqu'à un endroit où ses regards pouvaient plonger dans la chambre éclairée.

La cause de cet éclairage était un four que l'on venait de chauffer et où deux hommes se tenaient prêts à enfourner une centaine de pains.

Il était évident qu'une pareille quantité de pain n'était point destinée à l'usage du fermier et de sa maison.

En ce moment, on frappa violemment à la porte de la ferme donnant sur la grande route.

Un des deux hommes dit :

— Ce sont eux.

Le regard de Salvato ne pouvait s'étendre jusqu'à la grande porte ; mais il l'entendit crier sur ses gonds et vit bientôt entrer, dans le cercle de lumière projeté par le bois brûlant dans le four, quatre hommes qu'à leur costume il reconnut pour des brigands.

Ils demandèrent à quelle heure serait prête la première fournée, combien on en pourrait faire dans la nuit, et quelle quantité de pains pouvaient donner quatre fournées.

Les deux boulangers leur répondirent qu'à onze

heures et demie, ils pourraient livrer la première fournée, à deux heures la seconde, à cinq heures la troisième.

Chaque fournée pourrait donner de cent à cent vingt pains.

— Ce n'est guère, répondit un des brigands en secouant la tête.

— Combien êtes-vous donc? demanda un des boulangers.

Le brigand qui avait déjà parlé calcula un instant sur ses doigts.

— Huit cent cinquante hommes environ, dit-il.

— Ce sera à peu près une livre et demie de pain par homme, dit le boulanger, qui jusque-là avait gardé le silence.

— Ce n'est point assez, répondit le brigand.

— Il faudra pourtant bien vous contenter de cela, répondit le boulanger d'un ton bourru. Le four ne peut contenir que cent dix pains chaque fois.

— C'est bien : dans deux heures, les mules seront ici.

— Elles attendront une bonne demi-heure, je vous en préviens.

— Ah çà! tu oublies que nous avons faim, à ce qu'il paraît?

8

— Emportez le pain comme il est, si vous voulez, dit le boulanger, et faites-le cuire vous-mêmes.

Les brigands comprirent qu'il n'y avait rien à faire avec ces hommes, qui avaient de pareilles réponses à tout ce qu'on pouvait dire.

— A-t-on des nouvelles de Bénévent? dirent-ils.

— Oui, répondit un boulanger; j'en arrive il y a une heure.

— Y avait-on entendu parler des Français?

— Ils venaient d'y entrer.

— Disait-on qu'ils y feraient séjour?

— On disait que, demain, au point du jour, ils se remettraient en marche.

— Pour Naples?

— Pour Naples.

— Combien étaient-ils?

— Six cents, à peu près.

— En les rangeant bien, combien peut-il tenir de Français dans ton four?

— Huit.

— Eh bien, demain soir, si nous manquons de pain, nous aurons de la viande.

Un éclat de rire accueillit cette plaisanterie de cannibales, et les quatre hommes, en ordonnant aux deux boulangers de se presser, regagnèrent la porte qui donnait sur la grande route.

Salvato traversa le verger, en évitant de passer dans le rayon de lumière projeté par le four, franchit la seconde haie, suivit, à cent cinquante pas en arrière, les quatre hommes qui regagnaient leurs compagnons, les vit gravir la montagne, et put étudier à son aise, grâce à un clair de lune assez transparent, la disposition du terrain.

Il avait vu tout ce qu'il avait voulu voir : son plan était fait. Il passa devant la masserie cette fois, au lieu de passer derrière, rejoignit son hussard, remonta à cheval, et rentra avant minuit à son logement.

Il y trouva l'officier d'ordonnance du général Championnet, ce même Villeneuve que nous avons vu, à la bataille de Civita-Castellana, traverser tout le champ de bataille pour aller porter à Macdonald l'ordre de reprendre l'offensive.

Championnet faisait dire à Salvato qu'il attaquerait Naples à midi. Il l'invitait à faire la plus grande diligence possible, afin d'arriver à temps au combat, et il autorisait Villeneuve à rester près de lui et à lui servir d'aide-de-camp, le prévenant de se défier des Fourches Caudines.

Salvato raconta alors à Villeneuve la cause de son absence ; puis, prenant une grande feuille de papier et une plume, il fit un plan détaillé du terrain qu'il venait de visiter et sur lequel, le lendemain, devait se livrer le combat.

Après quoi, les deux jeunes gens se jetèrent chacun sur un matelas et s'endormirent.

Ils furent réveillés au point du jour par les tambours de cinq cents hommes d'infanterie et par les cinquante ou soixante hussards qui formaient toute la cavalerie du détachement.

Les fenêtres de l'appartement de Salvato donnaient sur la place où se rassemblait la petite troupe. Il les ouvrit et invita les officiers, qui se composaient d'un major, de quatre capitaines et de huit ou dix lieutenants ou sous-lieutenants, à monter dans sa chambre.

Le plan qu'il avait fait pendant la nuit était étendu sur la table.

—Messieurs, dit-il aux officiers, examinez cette carte avec attention. Arrivé sur le terrain, que, par l'étude que vous allez faire, vous connaîtrez aussi bien que moi, je vous expliquerai ce qu'il y a à exécuter. De votre adresse et de votre intelligence à me seconder dépendra non-seulement le succès de la journée, mais encore notre salut à tous. La situation est grave : nous avons affaire à un ennemi qui a, tout à la fois, l'avantage du nombre et celui de la position.

Salvato fit apporter du pain, du vin, quelques viandes rôties qu'il avait demandées la veille, et invita les officiers à manger, tout en étudiant la topographie du terrain où devait avoir lieu le combat.

Quant aux soldats, une distribution de vivres leur fut faite sur la place même de Bénévent et vingt-quatre de ces grandes bouteilles de verre contenant chacune une dizaine de litres leur furent apportées.

Le repas fini, Salvato fit battre à l'ordre, et les soldats formèrent un immense cercle, dans lequel Salvato entra avec les officiers.

Cependant, comme ils n'étaient que six cents, nous l'avons dit, tous se trouvèrent à portée de la voix.

— « Mes amis, leur dit Salvato, nous allons avoir aujourd'hui une belle journée; car nous remporterons une victoire sur le lieu même où le premier peuple du monde a été battu. Vous êtes des hommes, des soldats, des citoyens, et non pas de ces machines à conquête et de ces instruments de despotisme comme en traînaient derrière eux les Cambise, les Darius et les Xercès. Ce que vous venez apporter aux peuples que vous combattez, c'est la liberté et non l'esclavage, la lumière et non la nuit. Sachez donc sur quelle terre vous marchez et quels peuples avant vous foulaient la terre que vous allez fouler.

» Il y a environ deux mille ans que des bergers

samnites — c'était le nom des peuples qui habitaient ces montagnes — firent croire aux Romains que la ville de Luceria, aujourd'hui Lucera, était sur le point d'être prise et que, pour la secourir en temps utile, il fallait traverser les Apennins. Les légions romaines partirent, conduites par le consul Spurnius Postumus; seulement, venant de Naples, où nous allons, elles suivaient le chemin opposé à celui que allons suivre. Arrivés à une gorge étroite où nous serons dans deux heures, et où les brigands nous attendent, les Romains se trouvèrent entre deux rochers à pic, couronnés de bois épais; puis, arrivés au point le plus étranglé de la vallée, ils la trouvèrent fermée par un immense amas d'arbres coupés et entassés les uns sur les autres. Ils voulurent retourner en arrière. Mais de tous côtés les Samnites, qui leur coupaient d'ailleurs le chemin, firent pleuvoir sur eux des rochers qui, roulant du haut en bas de la montagne, les écrasaient par centaines. C'était le général samnite Caius Pontius qui avait préparé le piége; mais, en voyant les Romains pris, il fut épouvanté d'avoir réussi; car, derrière les légions romaines, il y avait l'armée, et, derrière l'armée, Rome! Il pouvait écraser les deux légions, depuis le premier jusqu'au dernier soldat, rien qu'en faisant rouler sur eux des quartiers de granit : il laissa la mort suspendue sur leur tête et envoya consulter son père Erennius.

» Erennius était un sage.

» — Détruis-les tous, dit-il, ou renvoie-les tous libres et honorablement. Tuez vos ennemis, ou faites-vous-en des amis.

» Caïus Pontius n'écouta point ces sages conseils. Il donna la vie aux Romains, mais à la condition qu'ils passeraient en courbant la tête sous une voûte formée des massues, des lances et des javelots de leurs vainqueurs.

» Les Romains, pour venger cette humiliation, firent une guerre d'extermination aux Samnites et finirent par conquérir tout leur pays.

» Aujourd'hui, soldats, vous le verrez, l'aspect du pays est loin d'être aussi formidable : ces rochers à pic ont disparu pour faire place à une pente douce, et des buissons de deux ou trois pieds de haut ont remplacé les bois qui le couvraient.

» Cette nuit, veillant à votre salut, je me suis déguisé en paysan et j'ai été moi-même explorer le terrain. Vous avez confiance en moi, n'est-ce pas ? Eh bien, je vous dis que, là où les Romains ont été vaincus, nous triompherons. »

Des hourras, des cris de « Vive Salvato ! » éclatèrent de tous les côtés. Les soldats agrafèrent d'eux-mêmes la baïonnette au bout du fusil, entonnèrent *la Marseillaise*, et se mirent en marche.

En arrivant à un quart de lieue de la ferme, Salvato recommanda le plus grand silence. Un peu au delà, la route faisait un coude.

A moins que les brigands n'eussent des sentinelles en avant de la masserie, ils ne pouvaient voir les dispositions qu'allait prendre Salvato. C'était bien sur quoi le jeune chef de brigade avait compté. Les brigands voulaient surprendre les Français, et des sentinelles placées sur le chemin éventaient le plan.

Les officiers avaient reçu d'avance leurs instructions. Villeneuve, avec trois compagnies, alla par un détour, et en côtoyant le verger, s'embusquer dans le fossé grâce auquel Salvato avait pu suivre pendant plus de cinq cents pas les quatre brigands retournant à leur embuscade; lui-même se plaça avec ses soixante hussards derrière la ferme; enfin, le reste de ses hommes, conduits par le major, vieux soldat sur le sang-froid duquel il pouvait compter, devaient paraître donner dans l'embuscade, résister un instant, puis se débander et attirer l'ennemi jusqu'au delà de la masserie, en donnant peu à peu à leur retraite l'apparence d'une fuite.

Ce qu'avait espéré Salvato s'accomplit en tout

point. Après une fusillade de dix minutes, les brigands, voyant les Français plier, s'élancèrent hors de leurs couverts en poussant de grands cris; comme s'ils étaient épouvantés à la fois et par le nombre et par l'impétuosité des assaillants, les Français reculèrent en désordre et tournèrent le dos. Les huées succédèrent aux cris et aux menaces, et, ne doutant pas que les républicains ne fussent en déroute complète, les brigands les poursuivirent en désordre, et, sans garder aucune précaution, se précipitèrent sur le chemin. Villeneuve les laissa bien s'engager; puis, tout à coup, se levant et faisant signe à ses trois compagnies de se lever, il ordonna à bout portant un feu, qui tua plus de deux cents hommes. Aussitôt, au pas de course et en rechargeant les armes, Villeneuve alla derrière les brigands prendre la position qu'ils venaient de quitter. En même temps, Salvato et ses soixante cavaliers débouchaient de derrière la ferme, coupaient la colonne en deux, sabrant à droite et à gauche, tandis qu'au cri de « Halte ! » les prétendus fuyards se retournaient et recevaient sur la pointe de leurs baïonnettes les prétendus vainqueurs.

Ce fut une horrible boucherie. Les brigands se trouvaient enfermés comme dans un cirque par les soldats de Villeneuve et ceux du major, et, au milieu de ce cirque, Salvato et ses soixante hussards hachaient et pointaient à loisir.

Cinq cents brigands restèrent sur le champ de bataille. Ceux qui s'enfuirent gagnèrent le haut de la montagne au milieu du double feu qui les décimait. A onze heures du matin, tout était fini, et Salvato et ses six cents hommes, qui comptaient trois ou quatre morts et une douzaine de blessés au plus, reprenaient au pas de course la route de Naples, vers laquelle les attirait le grondement sourd du canon.

XII

PREMIÈRE JOURNÉE.

A peine Championnet avait-il fait un quart de lieue sur la route de Maddalone à Aversa, qu'il vit venir un cavalier sur un cheval lancé à toute bride : c'était le prince de Maliterno, qui fuyait à son tour la colère des lazzaroni.

A peine ceux-ci avaient-ils vu la bannière tricolore flotter sur le château Saint-Elme, que les cris : « Aux armes! » avaient retenti par la ville et que, de Portici à Pouzzoles, tout ce qui était en état de porter un fusil, une pique, un bâton, un couteau, depuis l'enfant de quinze ans jusqu'au vieillard de soixante, s'était précipité vers la ville en criant ou plutôt en hurlant : « Mort aux Français! »

Cent mille hommes répondaient à l'appel frénétique des prêtres et des moines, qui, un drapeau blanc d'une main, un crucifix de l'autre, prêchaient à la porte des églises et sur les bornes des carrefours.

Ces prédications efficaces avaient poussé les lazzaroni au plus haut degré d'exaltation contre les Français et les jacobins. Tout homicide commis sur un jacobin ou sur un Français était une action méritoire, tout lazzarone tué serait un martyr.

Depuis cinq ou six jours, cette population à moitié sauvage, si facile à conduire à la férocité quand on la laisse s'enivrer de sang, de pillage et d'incendie, en était arrivée à cette folie furieuse dans laquelle, devenu un instrument de destruction, l'homme, qui ne songe plus qu'à tuer, oublie jusqu'à l'instinct de sa propre conservation.

Mais, lorsque les lazzaroni apprirent que les Français s'avançaient à la fois par Capodichino et Poggioreale, qu'on apercevait la tête des deux colonnes, tandis qu'un nuage de poussière annonçait qu'une troisième tournait la ville, et, par les marais et la via del Pascone, s'avançait vers le pont de la Madeleine, il sembla qu'une secousse électrique poussait, comme un tourbillon, cette foule sur les points menacés.

La colonne française qui suivait le chemin d'Aversa était commandée par le général Dufresse, qui remplaçait Macdonald, lequel, à la suite d'une discussion qu'il avait eue à Capoue avec Championnet, avait donné sa démission, et, pareil à un cheval encore blanc d'écume, écoutait en frissonnant tous ces bruits de trompette et de tambour, forcé qu'il était au repos.

Le général Dufresse avait sous ses ordres Hector Caraffa, qui, Coriolan de la Liberté, venait, au nom de la grande déesse, faire la guerre au despotisme.

La colonne qui s'avançait par Capodichino était commandée par Kellermann, ayant sous ses ordres le général Rusca, que celui qui écrit ces lignes a vu tomber, en 1814, au siége de Soissons, la tête emportée par un boulet de canon.

La colonne qui s'avançait par Poggioreale était sous le commandement du général en chef lui-même, lequel avait sous ses ordres les généraux Duhesme et Monnier.

Enfin, celle qui, par les marais et la via del Pascone, tournait la ville, marchait conduite par le général

Mathieu Maurice et le chef de brigade Broussier.

La colonne la plus avancée dans sa marche, parce qu'elle suivait le plus beau chemin, était celle de Championnet. Elle appuyait sa droite à la route de Capodichino, que suivait, comme nous l'avons dit, Kellermann, et sa gauche aux marais, dans lesquels manœuvrait Mathieu Maurice, mal remis d'une balle de Fra-Diavolo qui lui avait traversé le côté.

Duhesme, encore pâle de ses deux blessures, mais chez lequel l'ardeur militaire suppléait au sang perdu, commandait l'avant-garde de Championnet. Il avait l'ordre d'enlever de haute lutte tout ce qu'il rencontrerait sur son chemin. Duhesme était l'homme de ces coups de main vigoureux qui veulent, avant tout, la décision et le courage.

A un quart de lieue en avant de la porte de Capoue, il rencontra une masse de cinq ou six mille lazzaroni ; elle traînait avec elle une batterie de canons servie par les soldats du général Naselli, qui s'étaient joints à eux.

Duhesme lança Monnier et six cents hommes sur cette foule, avec ordre de la percer d'outre en outre à la baïonnette, et de s'emparer des pièces de canon établies sur une petite hauteur et qui mitraillaient la colonne française par-dessus la tête des lazzaroni.

Contre des troupes régulières, un pareil ordre eût

été insensé ; l'ennemi que l'on eût attaqué ainsi n'eût eu qu'à s'ouvrir et à faire feu des deux côtés pour détruire en un instant ses six cents agresseurs. Mais Duhesme ne fit point aux lazzaroni l'honneur de compter avec eux. Monnier partit la baïonnette en avant, et, sans s'inquiéter des coups de fusil, des coups de pistolet et des coups de poignard, il pénétra au milieu de ce flot, y disparut, lardant à coups de baïonnette tout ce qui était à sa portée, le traversa comme un torrent traverse un lac, au milieu des cris, des hurlements et des imprécations, tandis que Duhesme, impassible à la tête de ses hommes et sous le feu de la batterie, gravissait, toujours au pas de charge et la baïonnette en avant, la colline occupée par l'ennemi, tuait sur leurs pièces tous les artilleurs qui tentaient de résister, abaissait le point de mire des pièces et faisait feu sur les lazzaroni avec leurs propres canons.

En même temps, profitant du désordre que cette décharge avait jeté au milieu de cette foule, Duhesme fit battre la charge et marcha sur elle à la baïonnette.

Incapables de se former en colonnes d'attaque pour reprendre la batterie, ou en carrés pour soutenir l'assaut de Duhesme, les lazzaroni s'éparpillèrent dans la plaine, comme une bande d'oiseaux effarouchés.

Sans s'inquiéter davantage de ces six ou huit mille hommes, Duhesme, traînant avec lui les canons qu'il venait de conquérir, marcha sur la porte Capuana.

Mais, à deux cents pas de la place irrégulière qui s'étend devant la porte Capuana, Duhesme, au commencement de la montée de Casanuova, trouva un petit pont et, aux deux côtés de ce petit pont, des maisons crénelées, desquelles partit un feu si bien dirigé, que les soldats hésitèrent. Monnier vit cette hésitation, s'élança à leur tête en élevant son chapeau au bout de son sabre; mais à peine eut-il fait dix pas, qu'il tomba dangereusement blessé. Ses officiers et ses soldats s'élancèrent pour le soutenir et le conduire hors du champ de bataille; mais les lazzaroni firent feu sur cette masse. Trois ou quatre officiers, huit ou dix soldats tombèrent sur leur général blessé : le désordre se mit dans les rangs, l'avant-garde fit un pas en arrière.

Les lazzaroni se précipitèrent sur les morts et sur les blessés : sur les blessés pour les achever, sur les morts pour les mutiler.

Duhesme vit ce mouvement, appela son aide de camp Ordonneau, lui commanda de prendre deux compagnies de grenadiers, et, à quelque prix que ce fût, de forcer le passage du pont.

C'étaient les vieux soldats de Montebello et de Rivoli : ils avaient forcé, avec Augereau, le pont d'Arcole; avec Bonaparte, le pont de Rivoli. Ils abaissèrent la baïonnette, s'élancèrent au pas de course, et, à travers une grêle de balles, chassèrent les lazzaroni devant eux et arrivèrent au sommet de la montée. Le général, les soldats et les officiers blessés étaient sauvés; mais ils se trouvaient entre un double feu partant de toutes les fenêtres et de toutes les terrasses, tandis qu'au milieu de la rue s'élevait, pareille à une tour, une maison à trois étages vomissant la flamme depuis le rez-de-chaussée jusqu'au faîte.

Deux barricades s'élevant à la hauteur du premier étage avaient été construites de chaque côté de la maison et interceptaient la rue.

Trois mille lazzaroni défendaient la rue, la maison, les barricades. Cinq ou six mille, éparpillés dans la plaine, se reliaient à ceux-ci par les ruelles et les ouvertures des jardins.

Ordonneau se trouva en face de la position et la jugea inexpugnable. Cependant, il hésitait à donner l'ordre de la retraite, lorsqu'une balle l'atteignit et le renversa.

Duhesme arrivait, traînant derrière lui les canons pris le matin aux lazzaroni sous le feu des tirailleurs. On mit ces pièces en batterie, et, à la troisième volée, la maison oscilla, fit un craquement terrible, et s'abîma en écrasant dans sa chute et ceux qu'elle renfermait, et les défenseurs des barricades.

Duhesme s'élança à la baïonnette, et, au cri de « Vive la république ! » planta le drapeau tricolore sur les ruines de la maison.

Mais, pendant ce temps, les lazzaroni avaient établi une vaste batterie de douze pièces de canon sur une hauteur qui dominait de beaucoup l'amas de pierres au sommet duquel flottait le drapeau ; et les républicains, maîtres des deux barricades et des ruines de la maison, furent bientôt couverts d'une pluie de mitraille.

Duhesme abrita sa colonne derrière les ruines et les barricades, ordonna au 25ᵉ régiment de chasseurs à cheval de prendre une trentaine d'artilleurs en croupe, de tourner la colline, où les douze pièces étaient en batterie, et de charger sur elles par derrière.

Avant que les lazzaroni eussent pu reconnaître l'intention des chasseurs, ceux-ci, à travers plaine, sans s'inquiéter des coups de fusil qu'on leur tirait de la route, accomplirent leur demi-cercle ; puis, tout à coup, enfonçant les éperons dans le ventre de leurs chevaux, ils s'élancèrent sur la colline, qu'ils gravirent au galop. Au bruit de cet ouragan d'hommes qui faisait trembler la terre, les lazzaroni abandonnèrent leurs canons à moitié chargés. De leur côté, arrivés au faîte de la colline, les artilleurs sautèrent à terre et se mirent à la besogne; puis, se laissant rouler comme une avalanche sur la pente opposée, les chasseurs se mirent à la poursuite des lazzaroni, qu'ils dispersèrent dans la plaine.

Débarrassé de ces assaillants, Duhesme ordonna aux sapeurs d'ouvrir un chemin dans la barricade, et, poussant ses canons devant lui, il s'avança, balayant la route, tandis que, du haut de la colline, les artilleurs républicains faisaient feu sur tout groupe qui essayait de se former.

En ce moment, Duhesme entendit battre la charge derrière lui : il se retourna et vit la 64° et la 73° demi-brigade de ligne, conduites par Thiébaut, qui arrivaient au pas de course et aux cris de « Vive la République! »

Championnet, entendant la terrible canonnade engagée, reconnaissant, au nombre et à l'irrégularité des coups de fusil, que Duhesme avait affaire à des milliers d'hommes, avait mis son cheval au galop en ordonnant à Thiébaut de le suivre aussi vite que possible et de soutenir Duhesme. Thiébaut ne se l'était pas fait dire à deux fois : il était parti et arrivait au pas de course.

Ils traversèrent le pont, passèrent par-dessus les morts qui jonchaient les rues, franchirent les ouvertures des barricades et arrivèrent au moment où Duhesme, maître du champ de bataille, faisait faire halte à ses soldats harassés.

A cent pas des premiers soldats de Duhesme, se dressait la porte Capuana et ses tours, et deux rangées de maisons formant faubourg s'avançaient, pour ainsi dire, au-devant des républicains.

Tout à coup, et au moment où ceux-ci s'y attendaient le moins, une fusillade terrible partit des terrasses et des fenêtres de ces maisons, tandis que, de la plate-forme de la porte Capuana, deux petites pièces de canon portées à bras vomissaient leur mitraille.

— Ah! pardieu! s'écria Thiébaut, je craignais d'être arrivé trop tard. En avant, mes amis!

Ces troupes fraîches, conduites par un des plus braves officiers de l'armée, pénétrèrent dans le faubourg au milieu d'un double feu. Mais, au lieu de suivre le haut du pavé, la droite de la colonne suivait le pied des maisons, tirant sur les fenêtres et les terrasses de gauche, et la colonne de gauche faisait feu sur les terrasses de droite, tandis que, armés de leurs haches, les sapeurs enfonçaient les maisons.

Alors, les braves de Duhesme, suffisamment reposés, comprirent la manœuvre ordonnée par Thiébaut, et, en s'élançant dans les maisons au fur et à mesure qu'elles étaient éventrées par les sapeurs, ils attaquèrent les lazzaroni corps à corps, les poursuivant à travers les escaliers, du rez-de-chaussée au premier étage, du premier étage au second, du second étage sur les terrasses. On vit alors déborder, dans un combat aérien, lazzaroni et républicains. Les terrasses se couvrirent de feu et de fumée, tandis que les fugitifs qui n'avaient pas le temps de gagner les terrasses, croyant, d'après ce que leur avaient dit leurs prêtres et leurs moines, qu'ils n'avaient point de grâce à attendre des Français, sautaient par les fenêtres, se brisaient les jambes sur le pavé, ou tombaient sur la pointe des baïonnettes.

Toutes les maisons du faubourg furent ainsi prises et évacuées; puis, comme la nuit était venue, qu'il était trop tard pour attaquer la porte Capuana, et que l'on craignait quelque surprise, les sapeurs reçurent l'ordre d'incendier les maisons, et le corps de Championnet prit position devant la porte, qu'il devait attaquer le lendemain, et dont il fut bientôt séparé par un double rideau de flammes.

Championnet arriva sur ces entrefaites, embrassa Duhesme, et, pour récompenser Thiébaut de ses belles actions oubliées et du magnifique mouvement offensif qu'il venait d'accomplir :

— En face de la porte Capuana, que tu prendras demain, lui dit-il, je te nomme adjudant général.

— Eh bien, dit Duhesme, enchanté de cette récompense accordée à un brave officier pour lequel il avait la plus grande estime, voilà ce qui s'appelle arriver à un beau grade et par une belle porte !

XIII

LA NUIT

Sur les trois points où les Français ont attaqué Naples, on s'est battu avec le même acharnement. De toutes parts, les aides de camp arrivent au quartier général de la porte Capuana, et trouvent le bivac du général entre la via del Vasto et l'Arenaccia, derrière la double ligne de maisons qui brûlent.

Le général Dufresse, entre Aversa et Naples, a trouvé, sur un point où le chemin se rétrécit, un corps de dix ou douze mille lazzaroni avec six pièces de canon. Les lazzaroni étaient au pied d'une colline, les canons au sommet. Les hussards de Dufresse ont fait cinq charges sur eux sans parvenir à les entamer. Ils étaient si nombreux et si pressés, que les morts restaient debout, soutenus par les vivants.

Il a fallu les grenadiers chargeant à la baïonnette pour faire une trouée. Quatre pièces d'artillerie volante, dirigées par le général Éblé, ont, pendant trois heures, criblé de mitraille les lazzaroni; ils se sont réfugiés sur les hauteurs de Capodimonte, où Dufresse les attaquera demain.

Vers la fin du combat, un corps de patriotes, conduit par Schipani et Manthonnet, est venu se jeter dans les rangs du général Dufresse. Ils annoncent que Nicolino s'est emparé du fort Saint-Elme; mais il n'a que trente hommes et est bloqué par des milliers de lazzaroni, qui amassent des fascines pour mettre le feu aux portes, et qui apportent des échelles pour monter aux murailles. Ils se sont emparés du couvent de San-Martino, situé aux pieds des remparts du fort, ou plutôt les moines les ont appelés et leur ont ouvert les portes; des terrasses du couvent, ils font feu sur les murailles. Si Nicolino n'est pas secouru dans la nuit, le fort Saint-Elme sera incontestablement pris au point du jour.

Trois cents hommes, conduits par Hector Caraffa et les patriotes, s'ouvriront, pendant la nuit, un chemin jusqu'aux portes du fort Saint-Elme ; deux cents renforceront la garnison, cent enlèveront aux lazzaroni le couvent de San-Martino.

Kellermann, après un combat acharné, s'est emparé des hauteurs de Capodichino ; mais il n'a pas pu dépasser le Campo-Santo. Il lui a fallu enlever les unes après les autres à la baïonnette les masseries, les églises, les villas, qui toutes ont fait une résistance héroïque. La cavalerie, qui constitue sa principale force, lui a été inutile au milieu de cette multitude de collines qui bossellent le terrain. De son bivac, il voit s'étendre devant lui la longue rue de Foria, encombrée de lazzaroni ; l'immense bâtiment de l'hospice des Pauvres les protége. On voit une lumière à chacune de ses fenêtres ; le lendemain, toutes ces fenêtres cracheront des balles.

A la strada San-Giovanella, il y a une batterie de canons ; an largo delle Pigne, un bivac en grande partie composé de soldats de l'armée royale. Deux pièces de canon défendent la montée du musée Berbonico, qui donne sur la grande rue de Tolède.

A l'aide de sa lunette, Kellermann voit les chefs qui parcourent les rues à cheval en encourageant leurs hommes. L'un de ces chefs est vêtu en capucin et monté sur un âne.

Mathieu Maurice et le chef de brigade Broussier se sont emparés des marais. Seulement, coupés par un réseau de fossés, ces marais ont dû être conquis avec des pertes considérables, les lazzaroni étant protégés par les mouvements du terrain, et les républicains attaquant à découvert. Ils sont arrivés jusqu'aux Granili, qu'on n'avait point songé à garder; ils ont coupé la route de Portici. Broussier est campé sur la plage de la Marinella; Mathieu Maurice, qui a été légèrement blessé au bras gauche, est au moulin de l'Inferno. Le lendemain, ils seront prêts à attaquer le pont de la Madeleine, tout resplendissant des cierges qui brûlent devant la statue de saint Janvier.

Des fenêtres des Granili, on distingue tout Naples, depuis la plage de la Marinella jusqu'à la hauteur du môle : la ville regorge de lazzaroni qui se préparent à la défense.

Championnet écoutait ce dernier rapport, lorsque tout à coup de grands cris s'élèvent derrière lui, et une fusillade éclate sur un immense cercle, dont une des extrémités touche à la route de Capoue et l'autre à l'Arenaccia. Les balles font voler les cendres du feu auquel se chauffe le général en chef.

En un instant, Championnet et Duhesme, Monnier et Thiébaut sont sur pied. Les trois mille hommes qui composent le corps d'armée du général en chef se forment en carré et font feu sur les assaillants, qu'ils ne connaissent pas encore.

Ce sont les insurgés de tous les villages que les Français ont traversés dans la journée qui se sont réunis et qui attaquent à leur tour; ils ont profité de l'obscurité et ont fait leur première décharge presque à bout portant.

La multiciplicité des coups de fusil indique que l'on a affaire à un corps de quatre à cinq mille hommes au moins.

Mais, au milieu du petillement de la fusillade, au-dessus des cris et des hurlements des lazzaroni, de l'autre côté de cette ligne qui menace, on entend battre la charge et sonner des trompettes, puis des feux de peloton admirablement nourris, qui annoncent l'approche d'une troupe régulière. Les lazzaroni, qui croyaient surprendre, étaient surpris.

D'où vient ce secours, aussi inattendu que l'attaque?

Championnet et Duhesme se regardent et s'interrogent inutilement.

Le tambour et les fanfares se rapprochent, les cris de « Vive la République! » répondent aux cris de « Vive la République! » Le général en chef s'écrie :

— Soldats! c'est Salvato et Villeneuve qui arrivent de Bénévent. Chargeons toute cette canaille, qui n'osera pas nous attendre, je vous en réponds.

Duhesme et Monnier changent leurs carrés en colonnes d'attaque, les chasseurs montent à cheval, tout s'ébranle d'un irrésistible mouvement. Les lazzaroni sont percés à jour par les hussards de Salvato et par les chasseurs de Thiébaut, par les baïonnettes de Duhesme et de Monnier, et, sur un monceau de morts, les deux troupes se rejoignent et s'embrassent au cri de «Vive la République!»

Championnet et Salvato échangent quelques paroles rapides. Comme toujours, Salvato est arrivé au bon moment et a révélé sa présence par un coup de tonnerre.

Il ira renforcer avec ses six cents hommes Mathieu Maurice et Broussier. Si la blessure de Mathieu Maurice est plus grave qu'on ne le croit, ou si ce général, toujours atteint, parce qu'il est toujours au premier rang, reçoit *une nouvelle blessure*, Salvato prendra le commandement.

Il portera au général Mathieu Maurice l'ordre d'attaquer le pont de la Madeleine au point du jour. Ce pont est défendu par les maisons crénelées de la Marine et du bourg de San-Loreto; derrière lui, il a pour le soutenir le fort del Carmine, défendu par six pièces de canon, par un bataillon d'Albanais et par des milliers de lazzaroni, auxquels s'est joint un millier de soldats revenus de Livourne.

Vers trois heures du matin, on réveilla Championnet, qui dormait dans son manteau.

Un aide de camp de Kellermann venait lui donner des nouvelles de l'expédition du château Saint-Elme.

Hector Caraffa, profitant de l'obscurité, s'était glissé à travers cette multitude de collines qui réunissent Capodimonte à Saint-Elme. Outre la difficulté du terrain, horriblement accidenté, il avait eu, pendant quatre heures de marche, un combat continuel à soutenir, souvent inégal, meurtrier toujours. Il lui avait fallu franchir cinq milles d'embuscades entassées les unes sur les autres, et, de plus, un quartier de Naples insurgé.

Arrivé sous le feu de Saint-Elme, — qui le soutenait de son mieux en tirant des coups de canon à poudre, de peur que les boulets ne se trompassent de but, et, croyant atteindre des ennemis, n'atteignissent des amis, — Hector Caraffa, au lieu de séparer ses hommes en deux bandes, avait réuni toutes ses forces, et, au moment où l'on croyait qu'il allait les porter sur le fort Saint-Elme, il s'était jeté sur la chartreuse de San-Martino. Les lazzaroni, qui ne s'attendaient point à l'attaque, esayèrent de se défendre, mais inutilement. Les patriotes, jaloux de montrer aux Français qu'ils ne le cédaient à personne en courage, s'élancèrent en avant de la colonne, et entrèrent les premiers aux cris de « Vive la République ! » En moins de dix minutes, les lazzaroni furent chassés du couvent et les portes refermées sur les Français.

Cent, comme il était convenu, restèrent à la chartreuse; les deux autres cents, par la rampe del Petrio, montèrent au fort, dont les portes leur furent ouvertes, non-seulement comme à des alliés, mais encore comme à des libérateurs.

Nicolino faisait demander à Championnet de lui accorder l'honneur de donner, le lendemain, le signal du combat en faisant, au premier rayon du jour, tirer un coup de canon.

Cette faveur lui fut accordée, et le général envoya son aide de camp à tous les chefs de corps pour leur dire que le signal de l'attaque serait un coup de canon tiré par *les patriotes napolitains* du haut du fort Saint-Elme.

XIV

DEUXIÈME JOURNÉE.

A six heures précises du matin, une ligne de feu raya le crépuscule au-dessus de la masse noire du château Saint-Elme, un coup de canon se fit entendre : le signal était donné.

Les trompettes et le tambour français y répondirent, et toutes les hauteurs plongeant sur les rues de Naples, garnies de canon pendant la nuit par le général Éblé, s'allumèrent à la fois.

A ce signal, les Français attaquèrent Naples sur trois points différents.

Kellermann, commandant l'extrême droite, se réunit à Dufresse, et attaqua Naples par Capodimonte et Capodichino. La double attaque devait aboutir à la porte de Saint-Janvier, strada Foria.

Le général Championnet devait, comme il l'avait dit la veille, enfoncer la porte Capuana, devant laquelle Thiébaut avait été fait général de brigade, et entrer dans la ville par la strada dei Tribunali et par San-Giovanni à Carbonara.

Enfin, Salvato, Mathieu Maurice et Broussier devaient, comme nous l'avons dit encore, forcer le pont de la Madeleine, s'emparer du château del Carmine; par la place du Vieux-Marché, remonter jusqu'à la strada dei Tribunali, et, par un autre courant qui suivrait le bord de la mer, pénétrer jusqu'au môle.

Les lazzaroni qui devaient défendre Naples du côté de Capodimonte et de Capodichino, étaient commandés par fra Pacifico; ceux qui défendaient la porte Capuana étaient commandés par notre ami Michel le Fou; enfin ceux qui défendaient le pont de la Madeleine et la porte del Carmine étaient commandés par son compère Pagliuccella.

Dans ces espèces de combats qui consistent non pas à prendre une ville d'assaut, mais à prendre d'assaut, et les unes après les autres, toutes les maisons d'une ville, une populace mutinée est bien autrement terrible qu'une troupe régulière. Une troupe régulière se bat mécaniquement, avec sang-froid, et, pour ainsi dire, *avec le moins de frais possible* (1), tandis que, dans un combat comme celui que nous allons

(1) Nous employons l'expression même du général Championnet.

essayer de décrire, cette populace mutinée substitue aux mouvements stratégiques, faciles à repousser, parce qu'ils sont faciles à prévoir, les élans furieux des passions, l'opiniâtreté du délire, et les ruses de l'imagination individuelle.

Alors, ce n'est plus un combat, c'est une lutte à toute outrance, une boucherie, un carnage, un massacre dans lequel les assaillants sont forcés d'opposer l'entêtement du courage à la frénésie du désespoir; dans cette circonstance surtout, où dix mille Français attaquaient en face une population de cinq cent mille âmes, menacés sur leurs flancs et sur leurs derrières par la triple insurrection des Abruzzes, de la Capitanate et de la Terre de Labour; craignant de voir revenir par mer au secours de cette population et de cette insurrection une armée dont les débris pouvaient encore monter à quatre fois leur nombre, il s'agissait tout simplement, non plus de vaincre pour l'honneur, mais de vaincre pour sa propre conservation. César disait : « Dans toutes les batailles que j'ai livrées, j'ai combattu pour la victoire; à Munda, j'ai combattu pour la vie. » A Naples, Championnet pouvait dire comme César, et il fallait, pour ne pas mourir, vaincre comme César avait vaincu à Munda.

Les soldats le savaient: de la prise de Naples dépendait le salut de l'armée. Le drapeau français dévait donc flotter sur Naples, flottât-il sur un monceau de cendres.

Par chaque compagnie, il y avait deux hommes portant des torches incendiaires préparées par l'artillerie. A défaut du canon, de la hache, de la baïonnette, le feu devait, comme dans les inextricables forêts de l'Amérique, — dans cet inextricable labyrinthe de ruelles et de *vicoli*, — le feu devait ouvrir un chemin.

Presque en même temps, c'est-à-dire vers sept heures du matin, Kellermann entrait, précédé de ses dragons, dans le faubourg de Capodimonte, Dufresse, à la tête de ses grenadiers, dans celui de Capodichino, Championnet enfonçait la porte Capuana, et Salvato, portant à la main le drapeau tricolore de la république italienne, c'est-à-dire bleu, jaune et noir, forçait le pont de la Madeleine, et voyait le canon del Carmine abattre autour de lui les premières files de ses hommes.

Il serait impossible de suivre ces trois attaques dans tous leurs détails. Les détails, d'ailleurs, sont les mêmes. Sur quelque point de la ville que les Français essayassent de s'ouvrir un passage, ils trouvaient la même résistance acharnée, inouïe, mortelle. Il n'y avait pas une fenêtre, pas une terrasse, pas un soupirail de cave qui n'eût ses défenseurs et qui ne vomît le feu et la mort. Les Français, de leur côté, s'avançaient, poussant leur artillerie devant eux, se faisant précéder par des torrents de mitraille, enfonçant les portes, éventrant les maisons, passant de l'une à l'autre, et laissant l'incendie sur leurs flancs et derrière eux. Ainsi, les maisons que l'on ne pouvait prendre étaient brûlées. Alors, du milieu d'un cratère de flammes, dont le vent poussait, comme un dôme funèbre, la fumée au-dessus de la ville, sortaient les imprécations d'agonie, les hurlements de mort des malheureux qui brûlaient vivants. Les rues présentaient l'aspect d'une voûte de feu sous laquelle roulait un fleuve de sang. Maîtres d'une formidable artillerie, les lazzaroni défendaient chaque place, chaque rue, chaque carrefour, avec une intelligence, une vigueur qu'était loin d'avoir soupçonnées l'armée de ligne; et, tour à tour repoussés ou agressifs, vaincus ou victorieux, se réfugiaient dans les ruelles sans cesser de combattre et reprenaient l'offensive avec l'énergie du désespoir et l'obstination du fanatisme.

Nos soldats, non moins acharnés à l'attaque qu'eux à la défense, les poursuivaient au milieu des flammes, qui semblaient devoir les dévorer, tandis que, pareils à des démons qui combattent dans leur élément naturel, ceux-ci, noircis et fumants, s'élançaient hors des maisons brûlantes pour revenir à la charge avec plus d'audace qu'auparavant. On combat, on marche, on avance, on recule sur un monceau de ruines. Les maisons qui s'écroulent écrasent les combattants; la baïonnette enfonce les masses, qui se resserrent, et qui offrent l'étrange spectacle d'un combat corps à corps entre trente mille combattants, ou plutôt trente mille combats dans lesquels les armes ordinaires deviennent inutiles. Nos soldats arrachent la baïonnette du canon de leur fusil et s'en servent comme de poignards, tandis que, de leurs fusils éteints et qu'ils n'ont pas le temps de recharger, ils font des massues. Les mains cherchent à étrangler, les dents à mordre, les poitrines à étouffer. Sur les cendres, sur les pierres, sur les charbons enflammés, dans le sang qui coule, rampent les blessés, qui, comme des serpents foulés aux pieds, déchirent en expirant. Le terrain est disputé pas à pas, et le pied, à chaque pas qu'il fait, se pose sur un mort ou un mourant.

Vers midi, un hasard fit qu'un nouveau renfort arriva aux lazzaroni. Dix mille des leurs, excités par les moines et par les prêtres, étaient partis la surveille par la route de Pontana pour reprendre Capoue. Du haut de la chaire, on leur avait promis la victoire. Ils ne doutaient pas que les murailles de Capoue ne tombassent devant eux, comme celles de Jéricho étaient tombées devant les Israélites.

Ces lazzaroni étaient ceux du petit môle et de Santa-Lucia.

Mais, en voyant cette foule soulever la poussière de la plaine qui dépasse Santa-Maria, et qui sépare la vieille Capoue de la nouvelle, Macdonald, resté Français, tout démissionnaire qu'il était, se mit comme volontaire à la tête de la garnison, et, tandis que, du haut des remparts, dix pièces de canon crachaient à mitraille sur cette foule, il fit deux sorties par les deux portes opposées, et, formant un immense cercle dont le centre était Capoue et son artillerie, et les deux ailes, son infanterie et sa fusillade, il fit un carnage horrible de toute cette multitude. Deux mille lazzaroni tués ou blessés restèrent sur le champ de bataille, couchés entre Caserte et Pontana. Tout ce qui était sain et sauf ou légèrement blessé s'enfuit et ne se rallia qu'à Casanuova.

Le lendemain, le canon se fit entendre dans la direction de Naples; mais, encore harassés de leur déroute de la veille, ils attendirent, en buvant, des nouvelles du combat. Le matin, ils apprirent que la journée avait été aux Français, qui avaient pris à leurs camarades vingt-sept pièces de canon, leur avaient tué mille hommes et leur avaient fait six cents prisonniers.

Alors, ils se réunirent à sept mille et marchèrent

à toute course pour venir au secours des lazzaroni qui défendaient la ville, laissant sur la route, comme des jalons de carnage, ceux de leurs blessés qui, ralliés la veille et dans la nuit, n'eurent point la force de les suivre.

Arrivés au largo del Castello, ils se divisèrent en trois bandes. Les uns, par Toledo, portèrent secours au largo delle Pigne; les autres, par la strada dei Tribunali, au Castel-Capuano; les autres, par la Marina, au Marché-Vieux.

Couverts de poussière et de sang, ivres du vin qui leur avait été offert tout le long de la route, ils vinrent se jeter, combattants nouveaux, dans les rangs de ceux qui luttaient depuis la veille. Vaincus une première fois, accourant au secours de leurs frères vaincus, ils ne voulurent pas l'être une seconde. Tout républicain qui combattait déjà un contre six, eut un ou deux ennemis de plus à terrasser; et, pour les terrasser, il fallait non-seulement les blesser, mais encore les tuer; car, nous l'avons dit déjà, tant qu'il leur restait un souffle de vie, les blessés s'obstinaient à combattre.

La lutte dura ainsi presque sans avantage jusqu'à trois heures de l'après-midi. Salvato, Monnier et Mathieu Maurice avaient pris le château del Carmine et le Marché-Vieux; Championnet, Thiébaut et

Duhesme s'étaient emparés de Castel-Capuano et poussaient leurs avant-postes jusqu'au largo San-Giuseppe et le tiers de la strada dei Tribunali; Kellermann s'était avancé jusqu'à l'extrémité de la rue dei Cristallini, tandis que Dufresse, après un combat acharné, s'était emparé de l'*Albergo dei Poveri*.

Il y eut alors une espèce de trêve due à la fatigue; des deux côtés, on était las de tuer. Championnet espérait que cette terrible journée, dans laquelle les lazzaroni avaient perdu quatre ou cinq mille hommes, serait une leçon pour eux et qu'ils demanderaient quartier. Voyant qu'il n'en était rien, il rédigea, au milieu du feu, sur un tambour, une proclamation adressée au peuple napolitain, et il chargea son aide de camp Villeneuve, qui avait repris ses fonctions près de lui, de la porter aux magistrats de Naples. En conséquence, il lui donna, comme parlementaire, un trompette avec un drapeau blanc. Mais, au milieu de l'effroyable désordre auquel Naples était en proie, les magistrats avaient perdu toute autorité. Les patriotes, sachant qu'ils seraient égorgés chez eux, se tenaient cachés; Villeneuve, malgré sa trompette et son drapeau blanc, partout où il se présenta pour passer, fut accueilli par des coups de fusil. Une balle brisa l'arçon de sa selle, et il fut obligé de revenir sur ses pas sans avoir pu faire connaître à l'ennemi la proclamation du général.

La voici. Elle était rédigée en italien, langue que Championnet parlait aussi bien que la langue française :

Championnet, général en chef, au peuple napolitain.

« Citoyens,

» J'ai pour un instant suspendu la vengeance militaire provoquée par une horrible licence et par la fureur de quelques individus payés par vos assassins. Je sais combien le peuple napolitain est bon, et je gémis du plus profond de mon cœur sur le mal que je suis forcé de lui faire. Aussi, je profite de ce moment de calme pour m'adresser à vous, comme un père ferait à ses enfants rebelles, mais toujours aimés, pour vous dire : Renoncez à une défense inutile, déposez les armes, et les personnes, la propriété et la religion seront respectées.

» Toute maison de laquelle partira un coup de fusil sera brûlée, et les habitants en seront fusillés. Mais que le calme se rétablisse, j'oublierai le passé, et les bénédictions du ciel pleuvront de nouveau sur cette heureuse contrée.

» Naples, 3 pluviôse, an VII de la République (22 janvier 1799). »

Après la manière dont Villeneuve avait été accueilli, il n'y avait point d'espoir à garder, pour ce jour-là du moins. A quatre heures, les hostilités furent reprises avec plus d'acharnement que jamais. La nuit même descendit du ciel sans séparer les combattants. Les uns continuèrent à tirer des coups de fusil dans l'obscurité ; les autres se couchèrent au milieu des cadavres, sur les cendres brûlantes et les ruines enflammées.

L'armée française, écrasée de fatigue, après avoir perdu mille hommes, tant tués que blessés, planta l'étendard tricolore sur le fort del Carmine, sur le Castel-Capuano et sur l'*Albergo dei Poveri*.

Comme nous l'avons dit, un tiers de la ville, à peu près, était en son pouvoir.

L'ordre fut donné de rester toute la nuit sous les armes, de garder les positions et de reprendre le combat au point du jour.

XV

TROISIÈME JOURNÉE.

L'ordre n'eût point été donné par le général en chef de rester toute la nuit sous les armes, que le soin de leur propre conservation eût forcé les soldats de ne pas les abandonner un seul instant. Pendant toute la nuit, le tocsin sonna à toutes les églises situées dans les quartiers de Naples demeurés aux Napolitains. Sur tous les postes avancés des Français, les lazzaroni tentèrent des attaques; mais partout ils furent repoussés avec des pertes considérables.

Pendant la nuit, chacun reçut son ordre de bataille pour le lendemain. Salvato, en venant annoncer au général qu'il était maître du fort del Carmine, reçut l'ordre, pour le lendemain, de s'avancer à la baïonnette et au pas de course, par le bord de la mer, avec les deux têtes de son corps, vers le Château-Neuf et de l'enlever coûte que coûte, afin de tourner immédiatement ses canons contre les lazzaroni, tandis que Monnier et Mathieu Maurice, avec l'autre tiers, se maintiendraient dans leur position, et que Kellermann, Dufresse et le général en chef, réunis à la strada Foria, perceraient jusqu'à Toledo par le largo delle Pigne.

Vers deux heures du matin, un homme se présenta au bivac du général en chef à San-Giovanni à Carbonara. Au premier coup d'œil, sous son costume de paysan des Abruzzes, le général reconnut Hector Caraffa.

Il avait quitté le château Saint-Elme et venait dire à Championnet que le fort, mal approvisionné et n'ayant que cinq ou six cents coups à tirer, n'avait point voulu user inutilement ses munitions, mais que, le lendemain, pour le seconder, son canon combattrait par derrière, et en plongeant sur tous les points où l'on pourrait les apercevoir, les lazzaroni, que l'armée attaquerait en face.

Las de son inaction, Hector Caraffa venait non-seulement pour annoncer cette nouvelle au général, mais encore pour prendre part au combat du lendemain.

A sept heures, les fanfares sonnèrent et les tambours battirent. Pendant la nuit, Salvato avait gagné du terrain. Avec quinze cents hommes, au signal donné, il déboucha de derrière la Douane et s'élança au pas de course vers le Château-Neuf. En ce moment, un hasard providentiel vint à son aide.

Nicolino, impatient de commencer l'attaque de son côté, se promenait sur les remparts, encourageant ses artilleurs à employer utilement le peu de munitions qu'ils avaient.

Un d'eux, plus hardi que les autres, l'appela. Nicolino vint.

— Que me veux-tu? lui demanda-t-il.

— Voyez-vous cette bannière qui flotte au Château-Neuf? reprit l'artilleur.

— Sans doute que je la vois, fit le jeune homme, et je t'avoue même qu'elle m'agace horriblement.

— Mon commandant veut-il me permettre de l'abattre?

— Avec quoi?

— Avec un boulet.

— Tu es capable d'une pareille adresse?

— Je l'espère, mon commandant.

— Combien de coups demandes-tu?

— Trois.

— Je veux bien; mais je te préviens que, si tu ne l'abats pas en trois coups, tu feras trois jours de salle de police.

— Et si je l'abats?

— Il y a dix ducats pour toi.

— Accepté, le marché.

L'artilleur pointa sa pièce, y mit le feu : le boulet passa entre le blason et la hampe, trouant la toile du drapeau.

— C'est bien, dit Nicolino; mais ce n'est point encore cela.

— Je le sais bien, répondit l'artilleur; aussi, je vais essayer de faire mieux.

La pièce fut pointée une seconde fois avec plus d'attention encore que la première. L'artilleur étudia de quel côté soufflait le vent; il apprécia le faible changement de direction que ce souffle avait pu imposer au boulet, se releva, se baissa de nouveau, changea d'un centième de ligne le point de mire de sa pièce, approcha la mèche de la lumière : une détonation qui domina le tumulte se fit entendre, et la bannière, coupée par sa base, tomba.

Nicolino battit des mains et donna à l'artilleur, sans se douter de l'influence qu'allait avoir cet incident, les dix ducats qu'il lui avait promis.

En ce moment, la tête de la colonne de Salvato arrivait à l'Immacolatella. Salvato, comme toujours, marchait le premier. Il vit tomber la bannière, et, quoiqu'il eût reconnu que sa disparition était causée par un accident, il s'écria :

— On abaisse la bannière; le fort se rend. En avant, mes amis! en avant!

Et il s'élança au pas de course.

De leur côté, les défenseurs du fort, ne voyant plus le drapeau et croyant qu'on l'avait enlevé volontairement, crièrent à la trahison. Il en résulta un tumulte au milieu duquel la défense languit. Salvato profita de ce temps d'arrêt pour franchir au pas de course la strada del Piliere. Il lança ses sapeurs contre la porte du fort : un pétard la fit sauter. Il s'élança dans l'intérieur du Château-Neuf en criant :

— Suivez-moi!

Dix minutes après, le fort était pris, et son canon, balayant le largo del Castello et la descente du Géant, forçait les lazzaroni à se réfugier dans les rues qui donnent sur cette place et dans lesquelles la position des maisons les mettait à l'abri des boulets.

Immédiatement, le drapeau tricolore français fut substitué à la bannière blanche.

Une sentinelle placée au sommet du Castel-Capuano transmit au général Championnet la nouvelle de la prise du fort.

Les trois châteaux dans le triangle desquels la ville est enfermée, étaient au pouvoir des Français.

Championnet, lorsqu'il reçut la nouvelle de la prise de Castel-Nuovo, venait de faire sa jonction avec Dufresse, dans la rue de Foria. Il envoya Villeneuve, par le bord de la mer libre, féliciter Salvato et lui ordonner de laisser la garde du Château-Neuf à un officier, et lui dire de venir le rejoindre à l'instant même.

Villeneuve trouva le jeune chef de brigade appuyé aux créneaux et l'œil fixé sur Mergellina. De là, il pouvait apercevoir cette chère maison du Palmier, que, depuis deux mois, il ne voyait plus que dans ses rêves. Toutes les fenêtres en étaient fermées; cependant, à l'aide de sa longue-vue, il lui semblait voir ouverte la porte du perron donnant sur le jardin.

L'ordre du général vint le prendre au milieu de cette contemplation.

Il céda le commandement à Villeneuve lui-même, prit son cheval et partit au galop.

Au moment où Championnet et Dufresse réunis poussaient les lazzaroni vers la rue de Tolède, et où un effroyable feu partait, non-seulement du largo delle Pigne, mais encore de toutes les fenêtres, on aperçut une légère fumée qui couronnait les remparts du château Saint-Elme; puis on entendit la détonation de plusieurs pièces de gros calibre, et l'on vit un grand trouble se produire parmi les lazzaroni.

Nicolino tenait sa parole.

En même temps, une charge de dragons descendit comme un torrent qui se précipite par la strada della Stalla, tandis qu'une vive fusillade se faisait entendre derrière le musée Borbonico.

C'était Kellermann qui, à son tour, faisait sa jonction avec les corps de Dufresse et de Championnet.

En un instant, le largo delle Pigne fut balayé, et les trois généraux purent s'y donner la main.

Les lazzaroni battaient en retraite par la strada Santa-Maria in Costantinopoli et la salita dei Studi. Mais, pour traverser le largo San-Spirito et le Mercatello, ils étaient forcés de passer sous le feu du château Saint-Elme, qui, malgré la célérité de leur passage, eut le temps d'envoyer dans leurs rangs cinq ou six messagers de mort.

Pendant que s'opérait la retraite des lazzaroni, on amenait à Championnet un de leurs chefs qu'on avait pris après une résistance désespérée. Couvert de sang, les habits déchirés, la figure menaçante, la voix railleuse, il était le vrai type du Napolitain porté au plus haut degré de l'exaltation.

Championnet haussa les épaules, et, lui tournant le dos :

— C'est bien, dit-il. Qu'on me fusille ce gaillard-là pour l'exemple.

— Bon! dit le lazzarone, il paraît que décidément

Nanno s'est trompée. Je devais être colonel et mourir pendu : je ne suis que capitaine et je vais mourir fusillé. Cela me console pour ma petite sœur.

Championnet entendit et comprit ces paroles. Il fut sur le point d'interroger le condamné; mais, comme en ce moment il voyait un cavalier accourir à toute bride, et que, dans ce cavalier, il reconnaissait Salvato, son attention tout entière se porta du du nouvel arrivant côté.

On entraîna le lazzarone, on l'appuya contre les fondations du musée Bourbonien, et l'on voulut lui bander les yeux.

Mais lui, alors, se révolta.

— Le général a dit qu'on me fusille, cria-t-il; mais il n'a pas dit qu'on me bande les yeux.

Salvato tressaillit à cette voix, se retourna et reconnut Michele; Michele, lui aussi, reconnut le jeune officier.

— *Sangue di Cristo!* cria le lazzarone, dites-leur donc, monsieur Salvato, que l'on n'a pas besoin de me bander les yeux pour me fusiller.

Et, repoussant ceux qui l'entouraient, il croisa les bras et s'appuya de lui-même à la muraille.

— Michele! s'écria Salvato. — Général, cet homme m'a sauvé la vie, je vous prie de m'accorder la sienne.

Et, sans attendre la réponse du général, bien sûr d'avoir obtenu ce qu'il demandait, Salvato sauta à bas de son cheval, écarta le cercle de soldats qui déjà apprêtaient leurs armes pour fusiller Michele, et se jeta dans les bras du lazzarone, qu'il embrassa en le serrant contre son cœur.

Championnet vit à l'instant tout le parti qu'il pouvait tirer de cet événement. Faire justice est d'un grand exemple, mais faire grâce est parfois d'un grand calcul.

Il fit aussitôt un signe à Salvato, qui lui amena Michele. Un immense cercle se forma autour des deux jeunes gens et du général.

Ce cercle se composait de Français vainqueurs, de Napolitains prisonniers, de patriotes accourus, soit pour féliciter Championnet, soit pour se mettre sous sa protection.

Championnet, qui dominait ce cercle de toute la hauteur de son buste, leva la main en signe qu'il voulait parler, et le silence se fit.

— Napolitains, dit-il en italien, j'allais, comme vous l'avez vu, fusiller cet homme, pris les armes à la main et combattant contre nous; mais mon ancien aide de camp, le chef de brigade Salvato, me demande la grâce de cet homme, qui, me dit-il, lui a sauvé la vie. Non-seulement je lui accorde cette grâce, mais encore je désire donner une récompense à l'homme qui a sauvé la vie à un officier français.

Puis, s'adressant à Michele tout émerveillé de ce langage :

— Quel grade occupais-tu parmi tes compagnons ?

— J'étais capitaine, Excellence, lui répondit le prisonnier.

Et, avec la liberté de langage familière à ses pareils, il ajouta :

— Mais il paraît que je ne m'arrêterai pas là. Une sorcière m'a prédit que je serais nommé colonel, et puis pendu.

— Je ne puis et ne veux me charger que de la première partie de la prédiction, répondit le général ; mais je m'en charge. Je te fais colonel au service de la république parthénopéenne. Organise ton régiment. Je me charge de ta paye et de ton uniforme.

Michele fit un bond de joie.

— Vive le général Championnet ! cria-t-il, vivent les Français ! vive la république parthénopéenne !

— Nous l'avons dit, un certain nombre de patriotes entouraient le général. Le cri de Michele trouva donc un écho plus étendu que l'on n'aurait dû s'y attendre.

— Maintenant, dit le général s'adressant aux Napolitains qui l'entouraient, on vous a dit que les Français étaient des impies, ne croyant ni à Dieu, ni à la Madone, ni aux saints : on vous a trompés. Les Français ont une dévotion très-grande en Dieu, à la Madone, et particulièrement à saint Janvier. Et la preuve, c'est que ma seule préoccupation en ce moment est de faire respecter l'église et les reliques du bienheureux évêque de Naples, à qui je veux donner une garde d'honneur, si Michele se charge de la conduire.

— Je m'en charge ! s'écria Michele en agitant son bonnet de laine rouge, je m'en charge ! et il y a plus : je réponds d'elle !

— Surtout, lui dit Championnet à voix basse, si je lui donne pour chef ton ami Salvato.

— Ah ! pour lui et ma petite sœur, je me ferai tuer, général.

— Tu entends, Salvato, dit Championnet au jeune officier : la mission est des plus importantes ; il s'agit d'enrôler saint Janvier parmi les républicains.

— Et c'est moi que vous chargez de lui mettre une cocarde tricolore à l'oreille ? répondit en riant le jeune homme. Je ne me croyais pas tant de vocation pour la diplomatie ; mais n'importe : on fera ce que l'on pourra.

— Une plume, de l'encre et du papier, demanda Championnet.

On se précipita, et, au bout d'un instant, Championnet avait pu choisir entre dix feuilles de papier et autant de plumes.

Le général, sans descendre de cheval, écrivit, sur l'arçon de sa selle, cette lettre, adressée au cardinal-archevêque :

« Éminence,

» J'ai suspendu un instant la fureur de mes soldats et la vengeance des crimes qui ont été commis. Profitez de cette trêve pour faire ouvrir toutes les églises ; exposez le saint sacrement et prêchez la paix, le bon ordre et l'obéissance aux lois. A ces conditions, je jetterai un voile sur le passé et m'appliquerai à faire respecter la religion, les personnes et la propriété.

» Déclarez au peuple que, quels que soient ceux contre lesquels je devrai sévir, j'arrêterai le pillage, et que le calme et la tranquillité renaîtront dans cette malheureuse ville, trahie et trompée. Mais, en même temps, je déclare qu'un seul coup de fusil tiré d'une fenêtre fera brûler la maison et fusiller les habitants qu'elle renfermera. Remplissez donc les devoirs de votre ministère, et votre zèle religieux sera, je l'espère, utile au bien public.

» Je vous envoie une garde d'honneur pour l'église de saint Janvier.

» CHAMPIONNET.

» Naples, 4 pluviôse, an VII de la
République (23 janvier 1799.) »

Michele, ayant entendu comme tout le monde la lecture de cette lettre, chercha des yeux dans la foule son ami Pagliuccella ; mais, ne le trouvant pas, il choisit quatre lazzaroni sur lesquels il savait pouvoir compter comme sur lui-même, et marcha devant Salvato, derrière lequel marchait une compagnie de grenadiers.

Le petit cortége se rendit du largo delle Pigne à l'archevêché, assez voisin de cette place, par la strada dell'Orticello, le vico di San-Giacomo dei Ruffi et la strada de l'Arcivescovado, c'est-à-dire par quelques-unes des rues les plus étroites et les plus populeuses du vieux Naples. Les Français n'avaient point encore pénétré sur ce point de la ville, où pétillaient de temps en temps quelques coups de fusil tirés par la populace en manière d'encouragement, et où, en passant, les républicains pouvaient lire sur les visages trois impressions seulement : la terreur, la haine et la stupéfaction.

Par bonheur, Michele, sauvé par Palmieri, gracié par Championnet, se voyant déjà caracolant sur un beau cheval, dans son uniforme de colonel, s'était franchement, et avec toute l'ardeur de sa loyale nature, rallié aux Français, et marchait devant eux en criant de toute la force de ses poumons : « Vivent les Français! vive le général Championnet ! vive saint Janvier ! » Puis, quand les visages lui paraissaient par trop refrognés, Salvato lui mettait dans la main une poignée de carlini, qu'il jetait en l'air, en expliquant à ses compatriotes la mission que Salvato était chargé d'accomplir et qui avait généralement cette bienheureuse influence de donner aux physionomies une expression plus douce et plus bienveillante.

En outre, Salvato, qui était des provinces napolitaines et qui parlait le patois de Naples comme un homme de Porto-Basso, adressait de temps en temps à ses compatriotes des allocutions qui, corroborées des poignées de carlins de Michele, avaient aussi leur influence.

On parvint ainsi à l'archevêché : les grenadiers s'établirent sous le portique. Michele fit un long discours pour expliquer leur présence à tous ses compatriotes; il ajouta que l'officier qui les commandait lui avait sauvé la vie au moment où il allait être fusillé, et demanda, au nom de l'amitié que l'on avait pour lui, Michele, qu'il ne fût fait aucune insulte ni à lui, ni à ses soldats, devenus les protecteurs de saint Janvier.

XVI

SAINT JANVIER ET VIRGILE

A peine Championnet eut-il vu disparaître Michele, Salvato et la compagnie française, au coin de la strada dell'Orticello, qu'il lui vint à l'esprit une de ces idées que l'on peut appeler une illumination. Il pensa que le meilleur moyen de rompre les rangs des lazzaroni qui s'obstinaient à combattre encore, et de faire cesser le pillage individuel, était de livrer le palais du roi à un pillage général.

Il s'empressa de communiquer cette idée à quelques-uns des lazzaroni prisonniers, auxquels on rendit la liberté, à la condition qu'ils retourneraient vers les leurs et leur feraient part du projet comme venant d'eux. C'était une manière de s'indemniser eux-mêmes de la fatigue qu'ils avaient prise et du sang qu'ils avaient perdu.

La communication eut tout le succès qu'en attendait le général en chef. Les plus acharnés, voyant la ville aux trois quarts prise, avaient perdu l'espoir de vaincre, et trouvaient, par conséquent, plus avantageux de se mettre à piller que de continuer à combattre.

En effet, à peine cette espèce d'autorisation de piller le château fut-elle connue des lazzaroni, auxquels on ne laissa point ignorer qu'elle venait du général français, que toute cette multitude se débanda, se ruant à travers la rue de Tolède et à travers la rue des Tribunaux vers le palais royal, entraînant avec elle les femmes et les enfants, renversant les sentinelles, brisant les portes et inondant comme un flot les trois étages du palais.

En moins de trois heures, tout fut emporté, jusqu'au plomb des fenêtres.

Pagliuccella, que Michele avait vainement cherché sur le largo delle Pigne pour lui faire partager sa bonne fortune, s'était, un des premiers, empressé de se précipiter vers le château et de le visiter, avec une curiosité qui n'avait pas été sans fruit, de la cave au grenier, et de la façade qui donne sur l'église San-Ferdinand à celle qui donne sur la Darsena.

Fra Pacifico, au contraire, voyant tout perdu, avait

méprisé l'indemnité offerte à son courage humilié; et, avec un désintéressement qui faisait honneur aux anciennes leçons de discipline reçues sur la frégate de son amiral, il avait, pas à pas et à la manière du lion, c'est-à-dire en faisant face à l'ennemi, battu en retraite dans son couvent par l'Infrascata et la salita dei Capuccini; puis, la porte de son couvent refermée, il avait mis son âne à l'écurie, son bâton dans le bûcher, et s'était mêlé aux autres frères qui chantaient dans l'église le *Dies iræ, dies illa*.

Eût été bien malin celui qui eût été chercher là et qui y eût reconnu, sous son froc, un des chefs des lazzaroni qui avaient combattu pendant trois jours.

Nicolino Caracciolo, du haut des remparts du château Saint-Elme, avait suivi toutes les phases du combat du 21, du 22 et du 23, et nous avons vu qu'au moment où il avait pu venir en aide aux Français, il n'avait pas manqué à ses engagements vis-à-vis d'eux.

Son étonnement fut grand lorsqu'il vit, sans que personne songeât à les poursuivre, les lazzaroni abandonner leurs postes, et, sans quitter leurs armes, avec les apparences d'une déroute, non point rétrograder vers le palais royal, mais au contraire se ruer dessus.

Au bout d'un instant, tout lui fut expliqué. A la

manière dont ils culbutaient les sentinelles, dont ils envahissaient les portes, dont ils reparaissaient aux fenêtres de tous les étages, dont ils dégorgeaient sur les balcons, il comprit que les combattants, dans un moment de trêve, pour ne pas perdre leur temps, s'étaient faits pillards ; et, comme il ignorait que ce fût à l'instigation du général français que le pillage était organisé, il envoya à toute cette canaille trois coups de canon à boulet, qui tuèrent dix-sept personnnes, parmi lesquelles un prêtre, et qui cassèrent la jambe au géant de marbre, ancienne statue de Jupiter Stator, qui décorait la place du Palais.

Veut-on savoir à quel point l'amour du pillage s'était emparé de la multitude, et s'était substitué chez elle à tout autre sentiment? Nous citerons deux faits pris entre mille; ils donneront une idée de la mobilité d'esprit de ce peuple, qui venait de faire des prodiges de valeur pour défendre son roi.

Au milieu de toute cette foule, acharnée au pillage, l'aide de camp Villeneuve, qui continuait de tenir le Château-Neuf, envoya un lieutenant à la tête d'une patrouille d'une cinquantaine d'hommes, avec ordre de remonter Tolède jusqu'à ce qu'il eût pris langue avec les avant-postes français. Le lieutenant eut soin de se faire précéder par quelques lazzaroni patriotes, criant : « Vivent les Français ! vive la liberté ! » A ces cris, un marinier de Sainte-Lucie, bourbonien enragé, — les mariniers de Sainte-Lucie sont encore bourboniens aujourd'hui, — un marinier de Sainte-Lucie, disons-nous, se mit à crier, lui : « Vive le roi ! » Comme ce cri pouvait avoir un écho et servir de signal à l'égorgement de toute la patrouille, le lieutenant saisit le marinier au collet, et, le maintenant au bout de son bras, cria : « Feu ! »

Le marinier tomba fusillé au milieu de la foule, sans que la foule, préoccupée maintenant d'autres intérêts, songeât à le défendre et à le venger.

Le second exemple fut celui d'un domestique du palais qui, ayant eu l'imprudence de sortir avec une livrée galonnée d'or, vit le peuple mettre sa livrée en morceaux pour en arracher l'or, quoique cette livrée fût celle du roi.

Au même moment où on laissait le serviteur du roi Ferdinand en chemise pour lui arracher les galons de sa livrée, Kellermann, qui était descendu avec un détachement de deux ou trois cents hommes, du côté de Mergellina, remontait, par Sainte-Lucie, sur la place du château.

Mais, avant d'arriver là, il avait fait une halte à l'église de Santa-Maria di Porto-Salvo, et avait fait demander don Michelangelo Ciccone.

C'était, on se le rappelle, ce même prêtre patriote

que Cirillo avait envoyé chercher pour conférer les derniers sacrements au sbire blessé par Salvato dans la nuit du 22 au 23 septembre, sbire qui, le 23 septembre, au matin, expira dans la maison où il avait été transporté, à l'angle de la fontaine du Lion.

Kellermann était porteur d'un billet de Cirillo qui faisait appel au patriotisme du digne prêtre et l'invitait à se rallier aux Français.

Don Michelangelo Ciccone n'avait pas hésité un instant : il avait suivi Kellermann.

A midi, les lazzaroni avaient déposé les armes, et Championnet, vainqueur, parcourait la ville. Les négociants, les bourgeois, toute la partie tranquille de la population qui n'avait pas pris part à la lutte, n'entendant plus ni coups de fusil, ni cris de mort, commencèrent alors d'ouvrir timidement les portes et les fenêtres des magasins et des maisons. La première vue du général était déjà une promesse de sécurité; car il était entouré d'hommes que leur talent, leur science et leur courage avaient faits la vénération de Naples. C'étaient les Baffi, les Poerio, les Pagano, les Cuoco, les Logoteta, les Carlo Lambert, les Bassal, les Fasulo, les Maliterno, les Rocca-Romana, les Ettore Caraffa, les Cirillo, les Manthonnet, les Schipani. Le jour de la rémunération était enfin arrivé pour tous ces hommes qui avaient passé du despotisme à la persécution, et qui passaient de la persécution à la liberté. Le général, alors, au fur et à mesure qu'il voyait une porte s'ouvrir, s'approchait de cette porte, et, dans leur propre langue, essayait de rassurer ceux qui se hasardaient sur le seuil, leur disant que tout était fini, qu'il venait leur apporter la paix et non la guerre, et substituer la liberté à la tyrannie. Alors, en jetant les yeux sur la route que le général avait suivie, en voyant le calme régner là où, un instant auparavant, Français et lazzaroni s'égorgeaient, les Napolitains se rassuraient en effet, et toute cette population *di mezzo ceto*, c'est-à-dire de la bourgeoisie, qui fait la force et la richesse de Naples, la cocarde tricolore à l'oreille, criant : « Vivent les Français ! vive la liberté ! vive la République ! » commença de se répandre gaiement dans les rues, agitant des mouchoirs, et, au fur et à mesure qu'elle se tranquillisait, se laissant emporter à cette joie ardente qui s'empare de ceux qui, déjà plongés dans l'abîme ténébreux de la mort, se retrouvent tout à coup et comme par miracle rendus au jour, à la lumière et à la vie.

Et, en effet, si les Français eussent tardé de vingt-quatre heures encore à entrer à Naples, qui peut dire ce qu'il fût resté de maisons debout et de patriotes vivants ?

A deux heures de l'après-midi, Rocca-Romana et Maliterno, confirmés dans leur grade de chefs du peuple, rendirent un édit pour l'ouverture des boutiques.

Cet édit portait la date de l'an 1er et du deuxième jour de la république parthénopéenne.

Championnet avait vu avec inquiétude que la bourgeoisie et la noblesse seules s'étaient réunies à lui et que le peuple se tenait à l'écart. Alors, il résolut de frapper le lendemain un grand coup.

Il savait parfaitement que, s'il pouvait faire passer saint Janvier dans son camp, le peuple suivrait saint Janvier partout où il irait.

Il envoya un message à Salvato. Salvato, qui gardait la cathédrale, c'est-à-dire le point le plus important de Naples, avait reçu la consigne de ne point quitter son poste sans être réclamé par un ordre émané directement du général.

Le message envoyé à Salvato ordonnait à celui-ci de s'aboucher avec les chanoines, et de les inviter à exposer, le lendemain, la sainte ampoule à la vénération publique, dans l'espérance que saint Janvier, auquel les Français avaient la plus grande dévotion, daignerait faire son miracle en leur faveur.

Les chanoines se trouvaient entre deux feux.

Si saint Janvier faisait son miracle, ils étaient compromis vis-à-vis de la cour.

S'il ne le faisait pas, ils s'exposaient à la colère du général français.

Ils trouvèrent un biais et répondirent que ce n'était point l'époque où saint Janvier avait l'habitude de faire son miracle, et qu'ils doutaient fort que l'illustre bienheureux consentît, même pour les Français, à changer sa date habituelle.

Salvato transmit, par Michele, la réponse des chanoines à Championnet.

Mais, à son tour, Championnet répondit que c'était l'affaire du saint et non la leur; qu'ils n'avaient point à préjuger des bonnes ou des mauvaises intentions de saint Janvier, et qu'il connaissait, lui, une certaine prière à laquelle il espérait que saint Janvier ne demeurerait pas insensible.

Les chanoines répondirent que, puisque Championnet le voulait absolument, ils exposeraient les ampoules, mais que, de leur côté, ils ne répondaient de rien.

A peine Championnet eut-il cette certitude, qu'il fit annoncer par toute la ville la nouvelle que les saintes ampoules seraient exposées le lendemain, et qu'à dix heures et demie précises du matin, la liquéfaction du précieux sang aurait lieu.

C'était une nouvelle étrange et tout à fait incroyable pour les Napolitains. Saint Janvier n'avait rien fait qui motivât de sa part une suspicion de partialité en faveur des Français. Depuis quelque temps, au contraire, il s'était montré capricieux jusqu'à la manie. Ainsi, au moment de son départ pour la campagne de Rome, le roi Ferdinand s'était personnellement présenté à la cathédrale pour demander à saint Janvier son secours et sa protection, et saint Janvier, malgré son instante prière, lui avait obstinément refusé la liquéfaction de son sang; ce qui avait fait prévoir une défaite à un grand nombre de personnes.

Or, si saint Janvier faisait pour les Français ce qu'il avait refusé au roi de Naples, c'est que saint Janvier avait changé d'opinion, c'est que saint Janvier s'était fait jacobin.

A quatre heures du soir, Championnet, voyant la tranquillité rétablie, monta à cheval et se fit conduire au tombeau d'un autre patron de Naples, pour lequel il avait une bien plus grande vénération que pour saint Janvier. Ce tombeau était celui de Publius Virgilius Maro, ou, du moins, celui dont les ruines ont, disent les archéologues, renfermé les cendres de l'auteur de l'*Énéide*.

Tout le monde sait qu'à son retour d'Athènes, d'où le ramenait Auguste, Virgile mourut à Brindes, et que ses cendres revirent ce Pausilippe qu'il avait tant aimé, et d'où il pouvait embrasser tous les lieux immortalisés par lui dans son sixième livre de l'*Énéide*.

Championnet descendit de cheval au monument élevé par Sannazar, et monta la pente rapide et escarpée qui conduit à la petite rotonde que l'on montre au voyageur comme le columbarium où fut déposée l'urne du poëte. Dans le centre du monument poussait un laurier sauvage que la tradition donnait comme étant immortel. Championnet en brisa une branche, qu'il passa dans la ganse de son chapeau, ne permettant à ceux qui l'accompagnaient d'en prendre qu'une feuille chacun, de peur qu'une récolte plus considérable ne fît tort à l'arbre d'Apollon, et que la vénération ne correspondît, par son résultat, à l'impiété.

Puis, lorsqu'il eut rêvé pendant quelques instants sur ces pierres sacrées, il demanda un crayon, et, déchirant une page de son portefeuille, il rédigea le décret suivant, qui fut envoyé le même soir à l'imprimerie, et qui parut le lendemain matin.

« Championnet, général en chef,

» Considérant que le premier devoir d'une république est d'honorer la mémoire des grands hommes, et de pousser ainsi les citoyens vers l'émulation, en mettant sous leurs yeux la gloire qui suit jusque dans la tombe les génies sublimes de tous les pays et de tous les temps,

» Avons décrété ce qui suit :

» 1° Il sera élevé à Virgile un tombeau en marbre au lieu même où se trouve sa tombe, près de la grotte de Pouzzoles.

» 2° Le ministre de l'intérieur ouvrira un concours dans lequel seront admis tous les projets de monument que les artistes voudront présenter. Sa durée sera de vingt jours.

» Cette période expirée, une commission composée de trois membres, nommée par le ministre de l'intérieur, choisira, parmi les projets qui auront été présentés, celui qui semblera le meilleur, et la curie élèvera le monument, dont l'érection sera confiée à celui dont le projet aura été adopté.

» Le ministre de l'intérieur est chargé de l'exécution de la présente ordonnance.

» CHAMPIONNET. »

Il est curieux que les deux monuments décrétés à Virgile, l'un à Mantoue, l'autre à Naples, aient été décrétés par deux généraux français : celui de Mantoue par Miollis ; celui de Naples par Championnet.

Après soixante-cinq ans, la première pierre de celui de Naples n'est point encore posée.

XVII

OÙ LE LECTEUR RENTRE DANS LA MAISON DU PALMIER.

La nécessité où nous avons été de suivre sans interruption les événements politiques et militaires à la suite desquels Naples était tombée au pouvoir des Français, nous a forcé de nous éloigner de la partie romanesque de notre récit et de laisser de côté les personnages passifs qui subissaient ces événements, pour nous occuper, au contraire, des personnages actifs qui les dirigeaient. Que l'on nous permette donc, maintenant que nous avons donné aux acteurs épisodiques de cette histoire toute l'importance qu'ils réclamaient, de revenir aux premiers rôles sur lesquels doit se concentrer tout l'intérêt de notre drame.

Au nombre de ces personnages, pour lesquels on nous accuse peut-être, mais à tort, d'oubli, est la pauvre Luisa San-Felice, qu'au contraire nous n'avons pas perdue de vue un seul instant.

Restée évanouie entre les bras de son frère de lait Michele, sur la plage de la Vittoria, tandis que son mari, fidèle à la fois à ses devoirs envers son prince et à ses promesses envers son ami, rejoignait le duc de Calabre, au risque de sa vie, et laissait Luisa à Naples, au risque de son bonheur, Luisa, reportée dans la voiture, avait été ramenée, au grand étonnement de Giovannina, à la maison du Palmier.

Michele, qui ignorait les causes réelles de cet étonnement auquel le sourcil froncé et l'œil presque menaçant de Giovannina donnaient un caractère tout particulier, raconta les choses commes elles s'étaient passées.

Luisa se mit au lit avec une fièvre ardente. Michele passa la nuit dans la maison, et, comme le lendemain, au point du jour, l'état de Luisa ne s'était point amélioré, il courut prévenir le docteur Cirillo.

Pendant ce temps, le facteur apporta une lettre à l'adresse de Luisa.

Nina reconnut le timbre de Portici. Elle avait remarqué, que chaque fois qu'arrivait une lettre pareille à celle qu'elle tenait entre ses mains, l'émotion de sa maîtresse en la recevant était grande; puis qu'elle se retirait et s'enfermait dans la chambre de Salvato, d'où elle ne sortait que les yeux rouges de larmes.

Elle comprit donc que c'était une lettre de Salvato,

et, à tout hasard, et sans savoir encore si elle la lirait ou non, elle la garda, ayant pour excuse de ne pas l'avoir remise, si la lettre était réclamée, l'état dans lequel se trouvait Luisa.

Cirillo accourut. Il avait cru Luisa partie; mais, au simple récit de Michele, qui le ramenait, il devina tout.

On sait la tendresse paternelle du bon docteur pour Luisa. Il reconnut chez la malade tous les symptômes de la fièvre cérébrale, et, sans lui faire une question qui pût ajouter au trouble moral qu'elle avait éprouvé, il s'occupa de combattre le mal matériel. Trop habile pour se laisser vaincre par une maladie connue quand cette maladie en était à peine à son début, il la combattit énergiquement, et, au bout de trois jours, Luisa était, sinon guérie, du moins hors de danger.

Le quatrième jour, elle vit sa porte s'ouvrir, et, à la vue de la personne qui entra, poussa un cri de joie et tendit ses deux bras vers elle. Cette personne, c'était son amie de cœur, la duchesse Fusco. Comme l'avait prédit San-Felice, la reine partie, la duchesse disgraciée revenait à Naples. En quelques instants, la duchesse fut au courant de la situation. Depuis trois mois, Luisa avait été forcée de tout enfermer dans son cœur; depuis quatre jours, son cœur débordait, et, malgré cette maxime d'un grand moraliste, que les hommes gardent mieux les secrets des autres, mais que les femmes gardent mieux les leurs, au bout d'un quart d'heure, Luisa n'avait plus de secrets pour son amie.

Inutile de dire que la porte de communication fut plus ouverte que jamais, et qu'à toute heure du jour et de la nuit, la duchesse eut la disposition de la chambre sacrée.

Le jour où elle avait quitté le lit, Luisa avait reçu une nouvelle lettre de Portici. Giovannina l'avait vue avec inquiétude prendre cette lettre. Puis elle avait attendu que la lecture en fût faite. Si cette lettre indiquait la lettre précédente, et si Luisa la réclamait, Giovannina cherchait cette lettre, la retrouvait intacte, et mettait son oubli sur le compte de la préoccupation que lui avait causée la maladie de sa maîtresse. Si Luisa ne la réclamait pas, Giovannina la conservait à tout hasard, comme un auxiliaire dans un sombre projet qu'elle n'avait pas encore mûri, mais qui déjà était en germe dans son cerveau.

Les événements suivaient leur cours. On connaî ces événements : nous les avons longuement racontés. La duchesse Fusco, lancée dans le parti patriote, avait rouvert ses salons et y recevait tous les hommes éminents et toutes les femmes distinguées de ce parti. Au nombre de ces femmes était Éléonore Fonseca-Pimentel, que nous allons bientôt voir, avec l'âme d'une femme et le courage d'un homme, se mêler aux événements politiques de son pays.

Ces événements politiques avaient pris pour Luisa, qui, jusque-là, ne s'en était jamais préoccupée, une importance suprême. Si bien que fussent renseignés les familiers de la duchesse Fusco, il y avait toujours un point sur lequel Luisa était mieux renseignée qu'eux: c'était la marche des Français sur Naples. En effet, tous les trois ou quatre jours, elle savait précisément où étaient les républicains.

Elle avait reçu aussi deux lettres du chevalier. Dans la première, où il lui annonçait son arrivée à bon port à Palerme, il lui exprimait tout son regret de ce que l'état orageux de la mer l'eût empêchée de s'embarquer avec lui; mais il ne lui disait point de venir le rejoindre. La lettre était tendre, calme et paternelle, comme toujours. Il était probable que le chevalier n'avait point entendu ou n'avait pas voulu entendre le dernier cri de désespoir jeté par Luisa.

La seconde lettre contenait, sur la situation de la cour à Palerme, des détails que l'on trouvera dans la suite de notre récit. Mais, pas plus que la première, elle n'exprimait le désir de la voir quitter Naples. Au contraire, elle lui donnait des conseils sur la manière dont elle devait se conduire au milieu des crises politiques qui allaient agiter la capitale, et la prévenait que, par le même courrier, la maison Backer recevait avis de mettre à la disposition de la chevalière San-Felice les sommes dont elle pourrait avoir besoin.

Le même jour, la lettre du chevalier à la main, André Backer, que Luisa n'avait point revu depuis le jour de sa visite à Caserte, se présentait à la maison du Palmier.

Luisa le reçut avec la grâce sérieuse qui lui était habituelle, le remercia de son empressement, mais le prévint que, vivant très-retirée, elle avait décidé de ne recevoir aucune visite pendant l'absence de son mari. S'il arrivait qu'elle eût besoin d'argent, elle passerait elle-même à la banque, ou y enverrait Michele avec un reçu.

C'était un congé dans toutes les formes. André le comprit, et se retira en soupirant.

Luisa le reconduisit jusqu'au perron et dit à Giovannina, qui venait de fermer la porte derrière lui :

— Si jamais M. André Backer se représentait à la maison et demandait à me parler, souvenez-vous que je n'y suis pas.

On connaît la familiarité des serviteurs napolitains avec leurs maîtres.

— Ah ! mon Dieu ! répondit Giovannina, comment un si beau jeune homme a-t-il pu déplaire à madame ?

— Il ne m'a point déplu, mademoiselle, répondit froidement Luisa ; mais, en l'absence de mon mari, je ne recevrai personne.

Giovannina, toujours mordue au cœur par la jalousie, fut sur le point de répliquer : « Excepté M. Salvato ; » mais elle se retint, et un sourire dubitatif fut sa seule réponse.

La dernière lettre que Luisa avait reçue de Salvato portait la date du 19 janvier : elle arriva le 20.

Toute la journée du 20 se passa pour Naples dans les angoisses, et pour Luisa ces angoisses furent plus grandes que pour tout autre. Elle savait par Michele les formidables préparatifs de défense qui s'exécutaient ; elle savait par Salvato que le général en chef avait juré de prendre la ville à tout prix.

Salvato suppliait Luisa, si l'on bombardait Naples, de se mettre à l'abri des projectiles dans les caves les plus profondes de sa maison.

Ce danger était surtout à craindre si le château Saint-Elme ne tenait point la promesse qu'il avait faite et se déclarait contre les Français et les patriotes.

Le 21, au matin, une grande agitation se mani-

festa dans Naples. Le château Saint-Elme, on se le
rappelle, avait arboré le drapeau tricolore ; donc, il
tenait sa promesse et se déclarait pour les patriotes
et pour les Français.

Luisa en fut joyeuse, non point pour les patriotes,
non point pour les Français : elle n'avait jamais eu
aucune opinion politique ; mais il lui sembla que cet
appui donné aux Français et aux patriotes diminuait
le danger que courait son amant, puisqu'il était patriote de cœur, Français d'adoption.

Le même jour, Michele vint lui faire visite. Michele,
l'un des chefs du peuple, décidé à combattre jusqu'à
la mort pour une cause qu'il ne comprenait pas très-
bien, mais à laquelle il appartenait par le milieu
dans lequel il était né et par le tourbillon qui l'entraînait, — Michele, en cas d'accident, venait faire
ses adieux à Luisa et lui recommander sa mère.

Luisa pleurait fort en prenant congé de son frère
de lait ; mais toutes ses larmes n'étaient pas pour le
danger que courait Michele : une bonne moitié coulait sur les dangers qu'allait courir Salvato.

Michele, moitié riant, moitié pleurant, de son
côté, et ne voyant pas plus loin que les paroles de
Luisa, essaya de rassurer celle-ci sur son sort en lui
rappelant la prédiction de Nanno. Selon la sorcière
albanaise, Michele devait mourir colonel et pendu.

Or, Michele n'était encore que capitaine, et, s'il était exposé à la mort, c'était à la mort par le fer ou par le feu, et non par la corde.

Il est vrai que, si la prédiction de Nanno se réalisait pour Michele, elle devait se réaliser aussi pour Luisa, et que, si Michele mourait pendu, Luisa devait mourir sur l'échafaud.

L'alternative n'était pas consolante.

Au moment où Michele s'éloignait de Luisa, la main de celle-ci le retint, et ces paroles qui depuis longtemps erraient sur ses lèvres, s'en échappèrent :

— Si tu rencontres Salvato...

— Oh ! petite sœur ! s'écria Michele.

Tous deux s'étaient parfaitement compris.

Une heure après leur séparation, les premiers coups de canon se faisaient entendre.

La plupart des patriotes de Naples, ceux qui, par leur âge avancé ou l'état pacifique qu'ils exerçaient, n'étaient point appelés à prendre les armes, étaient réunis chez la duchesse Fusco. Là, d'heure en heure, arrivaient les nouvelles du combat. Mais Luisa prenait trop d'intérêt à ce combat pour attendre ces nouvelles dans le salon et au milieu de la société réunie chez la duchesse. Seule, dans la chambre de Salvato, à genoux devant le crucifix, elle priait.

Chaque coup de canon lui répondait au cœur.

De temps en temps, la duchesse Fusco venait à son amie et lui donnait des nouvelles des progrès que faisaient les Français, mais, en même temps, avec une espèce d'orgueil national, lui disait la merveilleuse défense des lazzaroni.

Luisa répondait par un gémissement. Il lui semblait que chaque boulet, chaque balle, menaçait le cœur de Salvato. Cette lutte terrible serait-elle donc éternelle?

Pendant les événements du 21 et du 22, Luisa se coucha tout habillée sur le lit de Salvato. Plusieurs alertes furent causées par les lazzaroni : la réputation de patriotisme de la duchesse n'était pas sans danger. Luisa ne se préoccupait point de ce qui faisait l'inquiétude des autres : elle ne songeait qu'à Salvato, ne pensait qu'à Salvato.

Dans la matinée du troisième jour, la fusillade cessa, et l'on vint annoncer que les Français étaient vainqueurs sur tous les points, mais pas encore maîtres de la ville.

Qu'était-il arrivé après cette lutte acharnée? Salvato était-il mort ou vivant?

Le bruit du combat avait cessé tout à fait avec les trois derniers coups de canon du château Saint-Elme, tirés sur les pillards du palais royal.

Elle allait revoir ou Michele ou Salvato, s'il ne leur

était point arrivé malheur; — Michele le premier sans doute, car Michele pouvait venir à toute heure du jour, trouver Luisa, tandis que Salvato, ignorant qu'elle fût seule, n'oserait jamais se présenter chez elle qu'à la nuit et par le chemin convenu.

Luisa se mit à la fenêtre, les yeux fixés sur Chiaia : c'était de ce côté que devaient lui venir les nouvelles.

Les heures s'écoulaient. Elle apprit la reddition complète de la ville; elle entendit les cris de la foule qui accompagnait Championnet au tombeau de Virgile; elle sut l'annonce faite, pour le lendemain, de la liquéfaction du bienheureux sang de saint Janvier; mais toutes ces choses passèrent devant son intelligence comme des fantômes passent près du lit d'un homme endormi. Ce n'était rien de tout cela qu'elle attendait, qu'elle demandait, qu'elle espérait.

Laissons Luisa à sa fenêtre, rentrons dans la ville et assistons aux angoisses d'une autre âme, non moins troublée que la sienne.

On sait de qui nous voulons parler.

Ou nous avons bien mal réussi dans le portrait physique et moral que nous avons essayé de tracer de Salvato, ou nos lecteurs savent que, de quelque ardent désir que notre jeune officier fût atteint de revoir Luisa, le devoir du soldat prenait, en toute circonstance, le pas sur le désir de l'amant.

Il s'était donc détaché de l'armée, il s'était donc éloigné de Naples, il s'en était donc rapproché sans une plainte, sans une observation, quoiqu'il eût parfaitement su qu'au premier mot qu'il eût dit à Championnet de l'aimant qui l'attirait à Naples, son général, qui avait pour lui la tendresse de l'admiration, la plus profonde peut-être de toutes les tendresses, l'eût poussé en avant et lui eût donné toutes facilités pour entrer le premier à Naples.

Au moment où, arrivé à temps au largo delle Pigne pour sauver la vie à Michele, il tint le jeune lazzarone pressé sur sa poitrine, son cœur bondit d'une double joie, d'abord parce qu'il pouvait, dans une mesure plus complète, reconnaître le service qu'il lui avait rendu, ensuite parce que, resté seul avec lui, il allait avoir des nouvelles de Luisa et quelqu'un à qui parler d'elle.

Mais, cette fois encore, son attente avait été trompée. La vive imagination de Championnet avait vu dans la réunion des lazzaroni et de Salvato un événement dont il pouvait tirer parti. Le germe de l'idée qu'il avait mûrie au point de faire faire à saint Janvier son miracle lui était entré dans l'esprit, et il avait résolu de donner en garde la cathédrale à Salvato, et de choisir Michele pour conduire celui-ci à la cathédrale.

On a vu que ce double choix était bon, puisqu'il avait réussi.

Seulement, Salvato était consigné jusqu'au lendemain à la garde de la cathédrale, dont il répondait.

Mais à peine parvenu jusqu'à l'archevêché, à peine ses grenadiers disposés sous le portail de l'église et sur la petite place qui donne sur la strada dei Triburali, Salvato avait jeté son bras autour du cou de Michele et l'avait entraîné dans la cathédrale, sans lui dire autre chose que ces deux mots, qui contenaient un monde d'interrogations :

— ET ELLE?

Et Michele, avec la profonde intelligence qu'il puisait dans le triple sentiment de vénération, de tendresse et de reconnaissance qu'il avait pour Luisa, Michele lui avait tout raconté, depuis les efforts impuissants de la jeune femme pour partir avec son mari, jusqu'à ce dernier mot échappé, il y avait trois jours, au plus profond de son cœur : SI TU RENCONTRES SALVATO!...

Ainsi, les derniers mots de Luisa et les premiers mots de Salvato pouvaient se traduire ainsi

— Je l'aime toujours!

— Je l'adore plus que jamais!

Quoique le sentiment que Michele portait à Assunta n'eût pas atteint les proportions de l'amour que Salvato et Luisa avaient l'un pour l'autre, le jeune lazzarone pouvait mesurer les hauteurs auxquelles il n'atteignait point; et, dans l'effusion de sa reconnaissance, dans cette joie de vivre que la jeunesse éprouve à la suite d'un grand danger disparu, Michele s'était fait l'interprète des sentiments de Luisa avec plus de vérité et même d'éloquence qu'elle n'eût osé le faire elle-même, et, au nom de Luisa, sans en avoir été chargé par Luisa, il lui avait vingt fois répété, — chose que Salvato ne se lassait pas d'entendre, — il lui avait vingt fois répété que Luisa l'aimait.

C'était Michele à le dire et Salvato à l'écouter que tous deux passaient leur temps, tandis que, comme sœur Anne, Luisa regardait si elle ne voyait rien venir sur la route de Chiaia.

XVIII

LE VŒU DE MICHELE.

La nuit tomba lentement du ciel. Tant qu'elle eut l'espoir de distinguer quelque chose dans le crépuscule, Luisa tint ses regards à la fenêtre; seulement, son regard s'élevait de temps en temps vers le ciel, comme pour demander à Dieu s'il n'était pas là-haut, près de lui, celui qu'elle cherchait vainement sur la terre.

Vers huit heures, il lui sembla reconnaître dans les ténèbres un homme ayant la tournure de Michele. Cet homme s'arrêta à la porte du jardin; mais, avant qu'il eût eu le temps d'y frapper, Luisa avait crié : « Michele! » et Michele avait répondu : « Petite sœur! »

Au son de cette voix qui l'appelait, Michele était accouru, et, comme la fenêtre n'était qu'à la hauteur de huit ou dix pieds, profitant des interstices des pierres, il avait grimpé le long de la muraille, et, se cramponnant au balcon, il avait sauté dans l'intérieur de la salle à manger.

Au premier son de la voix de Michele, au premier regard que Luisa jeta sur lui, elle comprit qu'elle n'avait à redouter aucun malheur, tant le visage du jeune lazzarone respirait la paix et le bonheur.

Ce qui la frappa surtout, ce fut l'étrange costume dont son frère de lait était revêtu.

Il portait d'abord une espèce de bonnet de uhlan, surmonté d'un plumet qui semblait emprunté au panache d'un tambour-major; son torse était enfermé dans une courte jaquette bleu de ciel, toute passementée de ganses d'or sur la poitrine et toute soutachée d'or sur les manches; à son cou pendait, couvrant l'épaule gauche seulement, un dolman rouge, non moins riche que la jaquette. Un pantalon gris à ganse d'or complétait ce costume, rendu plus formidable encore par le grand sabre que le lazzarone tenait de la libéralité de Salvato et qui, il faut rendre justice à son maître, n'était pas resté oisif pendant les trois jours qui venaient de s'écouler.

C'était le costume de colonel du peuple que, sachant la fidélité que le lazzarone avait montrée à Salvato, le général en chef s'était empressé de lui envoyer.

Michele l'avait revêtu à l'instant même, et, sans dire à Salvato dans quel but il lui demandait cette grâce, il avait sollicité de l'officier français un congé d'une heure, que celui-ci lui avait accordé.

Il n'avait fait qu'un bond du porche de la cathédrale chez les Assunta, où sa présence à une pareille heure et dans un pareil costume avait jeté la stupéfaction, non-seulement chez la jeune fille, mais encore chez le vieux Basso-Tomeo et ses trois fils, dont deux étaient occupés à panser dans un coin les blessures qu'ils avaient reçues. Il avait été droit à l'armoire, avait choisi le plus beau costume de sa maîtresse, l'avait roulé sous son bras; puis, en lui promettant de revenir le lendemain matin, il était parti avec une multiplicité de gambades et un décousu de paroles qui lui eussent bien certainement fait donner le surnom *del Pazzo*, s'il n'eût point été depuis longtemps décoré de ce surnom.

Il y a loin de la Marinella à Mergellina, et, pour aller de l'une à l'autre, il faut traverser Naples dans toute sa largeur; mais Michele connaissait si bien tous les vicoli et toutes les ruelles qui pouvaient lui faire gagner un mètre de terrain, qu'il ne mit qu'un quart d'heure à faire le trajet qui le séparait de Luisa, et l'on a vu que, pour diminuer d'autant ce trajet, il venait de grimper par la fenêtre au lieu d'entrer par la porte.

— D'abord, dit Michele en sautant du rebord de la

fenêtre dans l'appartement, il vit, il se porte bien, il n'est pas blessé, et t'aime comme un fou !

Luisa jeta un cri de joie ; puis, mêlant la tendresse qu'elle avait pour son frère de lait à la joie que lui causait la bonne nouvelle apportée par lui, elle le prit dans ses bras et le pressa sur son cœur en murmurant :

— Michele ! cher Michele ! que je suis heureuse de te revoir !

— Et tu peux t'en réjouir, car il ne s'en est pas fallu de beaucoup que tu ne me revisses pas : sans lui, j'étais fusillé.

— Sans qui? demanda Luisa, quoiqu'elle sût bien de qui parlait Michele.

— Lui, pardieu ! dit Michele, c'est lui ! Est-ce qu'il y en avait un autre que M. Salvato qui pût m'empêcher d'être fusillé? Qui diable se serait inquiété des trous que sept ou huit balles peuvent faire à la peau d'un pauvre lazzarone? Mais lui, il est accouru, il a dit : « C'est Michele ! il m'a sauvé la vie : je demande grâce pour lui. » Il m'a pris dans ses bras, il m'a embrassé comme du pain, et le général en chef m'a fait colonel ; ce qui me rapproche fièrement de la potence, ma chère Luisa.

Puis, voyant que sa sœur de lait l'écoutait sans rien comprendre à ses paroles :

— Mais il ne s'agit pas de tout cela, continua-t-il. Au moment d'être fusillé, j'ai fait un vœu dans lequel tu es pour quelque chose, petite sœur.

— Moi ?

— Oui, toi. J'ai fait vœu que, si j'en réchappais, et il n'y avait pas grande chance, je t'en réponds ! j'ai fait vœu que, si j'en réchappais, la journée ne se passerait pas sans que j'allasse avec toi, petite sœur, faire ma prière à saint Janvier. Or, il n'y a pas de temps à perdre, et, comme on pourrait être étonné de voir une grande dame comme toi courir les rues de Naples en donnant le bras à Michele le Fou, tout colonel qu'il est, je t'apporte un costume sous lequel on ne te reconnaîtra pas. Tiens !

Et il laissa tomber aux pieds de Luisa le paquet contenant les habits d'Assunta.

Luisa comprenait de moins en moins ; mais son instinct lui disait qu'il y avait, au fond de tout cela, pour son cœur bondissant, quelque surprise que ne pouvait deviner son esprit ; et peut-être ne voulait-elle pas approfondir la mystérieuse proposition de Michele, de peur d'être obligée de le refuser.

— Allons, dit Luisa, puisque tu as fait un vœu, mon pauvre Michele, et que tu crois devoir la vie à ce vœu, il faut le remplir ; y manquer te porterait malheur. Et, d'ailleurs, jamais, je te le jure, je ne

me suis trouvée en meilleure disposition de prier
qu'en ce moment. Mais..., ajouta-t-elle timidement.

— Quoi, mais?

— Tu te rappelles qu'il m'avait dit de tenir la fenêtre de la petite ruelle ouverte, ainsi que les portes
qui, de cette fenêtre, conduisent à sa chambre?

— De sorte, dit Michele, que la fenêtre est ouverte et que les portes conduisant à sa chambre
sont ouvertes?

— Oui. Juge donc ce qu'il eût pensé en les trouvant fermées!

— Cela lui eût causé, en effet, je te le jure, une
bien grande peine. Mais, par malheur, depuis qu'il
se porte bien, M. Salvato n'est plus son maître, et,
cette nuit, il est de garde près du *commandant général*, et, comme il ne pourra quitter ce poste que
demain à onze heures du matin, nous pouvons fermer fenêtres et portes, et aller accomplir à saint Janvier le vœu que je lui ai fait.

— Allons donc, soupira Luisa en emportant dans
sa chambre les vêtements d'Assunta, tandis que Michele allait fermer les portes et les fenêtres.

En entrant dans la pièce qui donnait sur la ruelle,
Michele crut voir une ombre qui se dissimulait dans
l'angle le plus obscur de l'appartement. Comme
cette hâte à se cacher pouvait venir de mauvaises

intentions, Michele s'avança les bras tendus dans les ténèbres.

Mais l'ombre, voyant qu'elle allait être prise, vint au-devant de lui en disant :

— C'est moi, Michele : je suis là par l'ordre de madame.

Michele reconnut la voix de Giovannina, et, comme la chose n'avait rien d'invraisemblable, il ne s'en inquiéta pas davantage et seulement se mit à fermer les fenêtres.

— Mais, demanda Giovannina, si M. Salvato vient?

— Il ne viendra pas, répondit Michele.

— Lui serait-il arrivé malheur? demanda la jeune fille avec un accent qui trahissait plus qu'un intérêt ordinaire et dont elle comprit elle-même l'imprudence; car, presque aussitôt : — Il faudrait en ce cas, continua-t-elle, apprendre cette nouvelle à madame avec toute sorte de ménagements.

— Madame, répondit Michele, sait à ce sujet tout ce qu'elle doit savoir, et, sans qu'il soit arrivé malheur à M. Salvato, il est retenu où il est jusqu'à demain matin.

En ce moment, on entendit la voix de Luisa qui appelait sa camériste.

Giovannina, pensive et le sourcil froncé, se rendit

lentement à l'appel de sa maîtresse, tandis que Michele, habitué aux excentricités de la jeune fille, les remarquant peut-être, mais ne cherchant même pas à les expliquer, fermait les fenêtres et les portes, que Luisa s'était vingt fois promis de ne pas ouvrir, et que, depuis trois jours, cependant, elle tenait ouvertes.

Lorsque Michele revint dans la salle à manger, Luisa avait complété sa toilette. Le lazzarone jeta un cri d'étonnement : jamais sa sœur de lait ne lui avait paru si belle que sous ce costume, qu'elle portait comme s'il eût toujours été le sien.

Giovannina, de son côté, regardait sa maîtresse avec une étrange expression de jalousie. Elle lui pardonnait d'être belle sous ses habits de dame; mais, fille du peuple, elle ne pouvait lui pardonner d'être charmante sous les habits d'une fille du peuple.

Quant à Michele, il admirait Luisa franchement et naïvement, et, ne pouvant deviner que chacun de ses éloges était un coup de poignard pour la femme de chambre, il ne cessait de répéter sur tous les tons du ravissement :

— Mais regarde donc, Giovannina, comme elle est belle!

Et, en effet, une espèce d'auréole non-seulement de beauté, mais encore de bonheur, rayonnait autour du front de Luisa. Après tant de jours d'angoisses et de douleurs, le sentiment si longtemps combattu par elle avait pris le dessus. Pour la première fois, elle aimait Salvato sans arrière-pensée, sans regret, presque sans remords.

N'avait-elle pas fait tout ce qu'elle avait pu pour échapper à cet amour? et n'était-ce pas la fatalité elle-même qui l'avait enchaînée à Naples et empêchée de suivre son mari? Or, un cœur vraiment religieux, comme l'était celui de Luisa, ne croit pas à la fatalité. Si ce n'était pas la fatalité qui l'avait retenue, c'était donc la Providence; et si c'était la Providence, comment redouter le bonheur qui lui venait de cette fille bénie du Seigneur!

Aussi dit-elle joyeusement à son frère de lait :

— J'attends, tu le vois, Michele; je suis prête.

Et, la première, elle descendit le perron.

Mais, alors, Giovannina ne put s'empêcher de saisir et d'arrêter Michele par le bras.

— Où va donc madame? demanda-t-elle.

— Remercier saint Janvier de ce qu'il a bien voulu sauver aujourd'hui la vie à son serviteur, répondit le lazzarone se hâtant de rejoindre la jeune femme pour lui offrir son bras.

Du côté de Mergellina, où aucun combat n'avait eu lieu, Naples présentait encore un aspect assez calme. La rive de la Chiaïa était illuminée dans toute sa longueur, et des patrouilles françaises sillonnaient la foule, qui, toute joyeuse d'avoir échappé aux dangers qui, pendant trois jours, avaient atteint une partie de la population et avaient menacé le reste, manifestait sa joie à la vue de l'uniforme républicain en secouant ses mouchoirs, en agitant ses chapeaux et en criant : « Vive la république française ! vive la république parthénopéenne ! »

Et, en effet, quoique la république ne fût point encore proclamée à Naples et ne dût l'être que le lendemain, chacun savait d'avance que ce serait le mode de gouvernement adopté.

En arrivant à la rue de Tolède, le spectacle s'assombrissait quelque peu. Là, en effet, commençait la série des maisons brûlées ou livrées au pillage. Les unes n'étaient plus qu'un tas de ruines fumantes ; les autres, sans portes, sans fenêtres, sans volets, avec leurs monceaux de meubles brisés devant leur façade, donnaient une idée de ce qu'avait été ce règne des lazzaroni et surtout de ce qu'il eût été s'il eût duré quelques jours de plus. Vers certains points où avaient été déposés les morts et les blessés et où s'étendaient, sur les dalles qui pavent les rues, de larges taches de sang, des voitures chargées de sable étaient arrêtées, et des hommes armés de pelles faisaient tomber le sable des voitures, tandis que d'autres, avec des râteaux, étendaient ce sable, comme font en Espagne les valets du cirque lorsque les cadavres des taureaux, des chevaux et quelquefois des hommes sont enlevés de l'arène.

En arrivant à la place du Mercatello, le spectacle devint plus triste. On avait fait, devant la place circulaire qui s'étend devant le collége des Jésuites, une ambulance, et, tandis que l'on chantait des chansons contre la reine, que l'on allumait des feux d'artifice, que l'on tirait des coups de fusil en l'air, on abattait avec des cris de rage une statue de Ferdinand Ier, placée sous le portique, et l'on faisait disparaître les derniers cadavres.

Luisa détourna les yeux avec un soupir et passa.

Sous la porte Blanche, on avait fait une barricade à moitié démolie, et, en face, au coin de la rue San-Pietro à Mazella, un palais achevait de brûler et s'écroulait en lançant vers le ciel des gerbes de feu aussi nombreuses que les fusées du bouquet d'un feu d'artifice.

Luisa se serrait toute tremblante au flanc de Michele, et cependant sa terreur était mêlée d'un sentiment de bien-être dont il lui eût été impossible d'indiquer la cause. Seulement, au fur et à mesure qu'elle approchait de la vieille église, son pas devenaît de plus en plus léger, et les anges qui avaient transporté au ciel le bienheureux saint Janvier semblaient lui avoir prêté leurs ailes pour franchir les degrés qui vont de la rue à l'intérieur du temple.

Michele conduisit Luisa dans un des coins les plus sombres de la métropole; il lui mit une chaise devant les genoux et posa une autre chaise à côté de celle-là; puis il dit à sa sœur de lait:

— Prie, je reviens.

En effet, Michele s'élança hors de l'église. Il avait cru reconnaître, appuyé, rêvant contre une des colonnes, Salvato Palmieri. Il alla à l'officier : c'était bien lui.

— Venez avec moi, mon commandant, lui dit-il; j'ai quelque chose à vous montrer qui vous fera plaisir, j'en suis sûr.

— Tu sais, lui répondit Salvato, que je ne puis point quitter mon poste.

— Bon! c'est dans votre poste même.

— Alors..., dit le jeune homme suivant Michele par complaisance, soit.

Ils entrèrent dans la cathédrale, et, à la lueur de la lampe qui brûlait dans le chœur éclairant les rares fidèles venus là pour faire leurs prières nocturnes, Michele montra à Salvato une jeune femme qui priait avec ce profond recueillement des âmes amoureuses.

Salvato tressaillit.

— Voyez-vous? demanda Michele en la lui montrant du doigt.

— Quoi? fit Salvato.

— Cette femme qui prie si dévotement.

— Eh bien?

— Eh bien, mon commandant, tandis que je veillerai pour vous et que je veillerai consciencieusement, soyez tranquille, allez vous agenouiller près d'elle. Je ne sais pourquoi j'ai dans l'idée qu'elle vous donnera de bonnes nouvelles de ma petite sœur Luisa.

Salvato regarda Michele avec étonnement.

— Allez! mais allez donc! lui disait Michele en le poussant.

Salvato fit ce que lui disait Michele; mais, avant qu'il fût agenouillé près d'elle, au bruit de son pas, qu'elle avait reconnu, Luisa s'était retournée, et un faible cri, retenu à moitié par la majesté du lieu, s'était échappé de la poitrine des deux jeunes gens.

A ce cri, tout imprégné d'une ineffable bonheur, qui annonçait à Michele qu'il avait réussi selon ses intentions, la joie du lazzarone fut si grande, que, malgré la dignité nouvelle dont il était revêtu, malgré cette majesté du lieu qui avait imposé à Salvato et à Luisa et qui avait éteint dans une prière leur double cri d'amour, il se livra, à sa sortie de l'église, à une série de gambades qui faisaient suite à celles qu'il avait exécutées en sortant de chez Assunta.

Et maintenant, si l'on juge au point de vue de notre moralité, à nous, cette action de Michele ayant pour but de rapprocher les deux amants, sans s'inquiéter si, en faisant le bonheur des uns, il n'ébranlait point la félicité d'un autre, nous y trouverons, certes, quelque chose d'inconsidéré et même de répréhensible ; mais la morale du peuple napolitain n'a pas les mêmes susceptibilités que la nôtre, et quelqu'un qui eût dit à Michele qu'il venait de faire une action douteuse, l'eût bien étonné, lui qui était convaincu qu'il venait de faire la plus belle action de sa vie.

Peut-être eût-il pu répondre qu'en ménageant aux deux amants leur première entrevue dans une église, il lui avait, par cela même, en la forçant de se passer dans les limites de la plus stricte bienséance, enlevé ce que le tête-à-tête, l'isolement, la solitude lui eussent, en tout autre lieu, donné de hasardé ; mais nous devons à la plus stricte vérité de dire que le brave garçon n'y avait pas même songé.

XIX

SAINT JANVIER PATRON DE NAPLES.

Nous avons dit l'effet qu'avait produit à Naples l'annonce faite par Championnet du miracle de saint Janvier pour le lendemain.

Championnet avait joué le tout pour le tout. Si le miracle ne se faisait point, c'était une seconde sédition à étouffer ; s'il se faisait, c'était la tranquillité, et, par conséquent, la fondation de la république parthénopéenne.

Pour expliquer cette immense influence de saint Janvier sur le peuple napolitain, disons, en quelques mots, sur quels mérites s'est fondée cette influence.

Saint Janvier n'est pas, comme les autres saints du calendrier, un saint banal à force d'être cosmopolite, invoqué, comme saint Pierre et saint Paul, dans toutes les basiliques du monde : saint Janvier est un saint local, patriote, napolitain.

Saint Janvier remonte aux premiers siècles de

l'Église. Il prêcha la parole du Christ à la fin du IIIe et au commencement du IVe siècle, et convertit des milliers de païens. Comme tous les convertisseurs, il s'attira naturellement la haine des empereurs et subit le martyre l'an 303 du Christ.

Nous serons forcé, pour faire comprendre le miracle de la liquéfaction du sang, de donner quelques détails sur ce martyre.

La supériorité de saint Janvier sur les autres saints est, au dire des Napolitains, incontestable. Et, en effet, les autres saints ont bien fait, de leur vivant et même après leur mort, quelques miracles qui, discutés par les philosophes, sont arrivés jusqu'à nous sous la forme de tradition vague et d'une demi-authenticité, tandis qu'au contraire, le miracle de saint Janvier s'est perpétué jusqu'à nos jours et se renouvelle deux fois par an, à la plus grande gloire de la ville de Naples et à la suprême confusion des athées.

Citoyen avant tout, saint Janvier n'aime réellement que sa patrie et ne fait rien que pour elle. Le monde entier serait menacé d'un second déluge, ou croulerait autour de l'homme juste d'Horace, que saint Janvier ne lèverait pas le bout du doigt pour le sauver. Mais que les pluies torrentielles de novembre menacent de noyer les récoltes, que les ardeurs caniculaires d'août sèchent les citernes de son pays bien-aimé, saint Janvier remuera le ciel et la terre pour avoir du soleil en novembre et de l'eau en août.

Si saint Janvier n'avait pas pris Naples sous sa garde toute spéciale, il y a dix siècles que Naples n'existerait plus, ou serait abaissée au rang de Pouzzoles et de Baïa. Et, en effet, il n'y a pas de ville au monde qui ait été plus de fois conquise et dominée par l'étranger! mais, grâce à l'intervention active et persévérante de son patron, les conquérants ont disparu et Naples est restée.

Les Normands ont régné sur Naples; mais saint Janvier les a chassés.

Les Souabes ont régné sur Naples; mais saint Janvier les a chassés.

Les Angevins ont régné sur Naples; mais saint Janvier les a chassés.

Les Aragonais ont, à leur tour, occupé le trône de Naples; mais saint Janvier les a punis.

Les Espagnols ont tyrannisé Naples; mais saint Janvier les a battus.

Enfin, les Français ont occupé Naples; mais saint Janvier les a éconduits.

Et, comme nous écrivions ces mêmes paroles en 1830, nous ajoutions: « Et qui sait ce que saint Janvier fera encore pour sa patrie? »

Et, en effet, quelle que soit la domination indigène ou étrangère, légitime ou usurpatrice, équitable ou despotique, qui pèse sur ce beau pays, il est une croyance au fond du cœur de tous les Napolitains et qui les rend patients jusqu'au stoïcisme : c'est que tous les rois et tous les gouvernements passeront et qu'il ne restera, en définitive, à Naples que les Napolitains et saint Janvier.

L'histoire de saint Janvier commence avec l'histoire de Naples et ne finira probablement qu'avec elle.

La famille de saint Janvier appartient naturellement à la plus haute noblesse de l'antiquité. Le peuple qui, en 1647, donnait à sa république de lazzaroni, commandée par un lazzarone, le titre de *sérénissime royale république napolitaine*, et, qui, en 1799, poursuivait les patriotes à coups de pierres pour avoir osé abolir le titre d'*Excellence*, n'aurait jamais consenti à se choisir un patron d'origine plébéienne. Le lazzarone est essentiellement aristocrate, ou plutôt, avant tout, a besoin d'aristocratie.

La famille de saint Janvier descend en droite ligne de la famille des Januari de Rome, qui, eux-mêmes, avaient la prétention de descendre de Janus. Ses premières années sont obscures. En 304 seulement, sous le pontificat de saint Marcelin, il est nommé à l'évêché de Bénévent, que le pape vient de créer.

Étrange destinée de l'évêché bénéventin, qui commence à saint Janvier et qui finit à M. de Talleyrand !

La dernière persécution qui avait atteint les chrétiens avait eu lieu sous les empereurs Dioclétien et Maximien ; elle datait de deux ans, c'est-à-dire de 302, et avait été des plus terribles : dix-sept mille martyrs consacrèrent de leur sang la religion naissante.

Aux empereurs Dioclétien et Maximien succédèrent les empereurs Constance et Galère, sous lesquels les chrétiens respirèrent un instant.

Au nombre des prisonniers entassés sous le règne précédent dans les prisons de Cumes étaient Sosius, diacre de Misène, et Proculus, diacre de Pouzzoles. Pendant tout le temps qu'avait duré la persécution de 302, saint Janvier n'avait jamais manqué de leur apporter, au péril de sa vie, les secours de sa parole.

Relâchés provisoirement, les prisonniers chrétiens, qui croyaient toute persécution finie, rendaient grâce au Seigneur dans l'église de Pouzzoles, saint Janvier officiant et Sosius et Proculus l'aidant à l'œuvre sainte, quand, tout à coup, la trompette se fit entendre, et un héraut à cheval et tout armé entra dans l'église et lut à haute voix un ancien décret de Dioclétien, que les nouveaux césars remettaient en vigueur.

Ce décret, fort curieux, qu'il soit vrai ou apocryphe, existe dans les archives de l'archevêché. Nous pouvons donc le mettre sous les yeux de nos lecteurs, où nous avons déjà mis quelques pièces historiques ne manquant point d'un certain intérêt.

Le voici :

« Dioclétien, trois fois grand, toujours juste, empereur éternel, à tous les préfets et proconsuls de l'empire romain, salut !

» Un bruit qui ne nous a point médiocrement déplu étant parvenu à nos oreilles divines, c'est-à-dire que l'hérésie de ceux qui s'appellent chrétiens, hérésie de la plus grande impiété, reprend de nouvelles forces; que lesdits chrétiens honorent comme Dieu ce Jésus enfanté par je ne sais quelle femme juive, insultent par des injures et des malédictions le grand Apollon, et Mercure, et Hercule, et Jupiter lui-même, tandis qu'ils vénèrent ce même Christ, que les Juifs ont cloué sur une croix comme sorcier;

« A cet effet, nous ordonnons que tous les chrétiens, hommes et femmes, dans toutes les villes et contrées, subissent les supplices les plus cruels, s'ils refusent de sacrifier à nos dieux et d'abjurer leur erreur. Si cependant quelques-uns se montrent obéissants, nous voulons bien leur accorder leur pardon. Au cas contraire, nous exigeons qu'ils soient frappés par le glaive et punis par la mort la plus dure (*pessimo morte.*) Sachez, enfin, que, si vous négligez nos divins décrets nous vous punirons des mêmes peines dont nous menaçons les coupables. »

Dans la suite de cette histoire, nous aurons, pour faire pendant à celui-ci, à citer un ou deux décrets du roi Ferdinand. On pourra les comparer à ceux de Dioclétien, et l'on verra qu'ils se ressemblent beaucoup. Seulement, ceux de l'empereur romain sont mieux rédigés.

Comme on le comprend bien, ni saint Janvier ni les deux diacres ne se soumirent à ce décret. Saint Janvier continua de dire la messe, les deux diacres de la servir; si bien qu'un beau matin, ils furent arrêtés tous trois dans l'exercice de leurs fonctions.

Inutile de dire que ceux qui assistaient à la messe furent arrêtés avec eux; plus inutile encore de dire que les prisonniers ne se laissèrent point intimider par les menaces du proconsul, nommé Timothée, et confessèrent obstinément le Christ.

Consignons seulement ceci, c'est qu'au moment de l'arrestation, une vieille femme, qui regardait déjà saint Janvier comme un saint, le supplia de lui donner quelques reliques. Saint Janvier alors lui présenta les deux fioles avec lesquelles il venait d'accomplir le mystère de l'Eucharistie, en lui disant:

— Prends ces deux fioles, ma sœur, et recueilles-y mon sang !

— Mais je suis paralytique et ne puis mettre un pied devant l'autre.

— Bois le vin et l'eau qui y restent, et tu marcheras.

Ce fut sur saint Janvier que s'acharna plus particulièrement le proconsul, parce que c'était lui que protégeait particulièrement le Seigneur.

On commença par le jeter dans une fournaise ardente; mais le feu s'éteignit, et les charbons enflammés qui couvraient le plancher se changèrent en une jonchée de fleurs.

Saint Janvier fut condamné à être jeté dans le cirque et dévoré par les lions.

Au jour indiqué pour le supplice, la foule se pressa dans l'amphithéâtre. Elle y était accourue de tous les points de la province; car l'amphithéâtre de Pouzzoles était, avec celui de Capoue, — d'où se sauva, on s'en souvient, Spartacus, — un des plus beaux de la Campanie.

C'était le même, au reste, dont les ruines existent encore aujourd'hui et dans lequel, deux cent trente ans auparavant, le divin empereur Néron avait donné une fête à Tiridate, premier roi d'Arménie, lequel, chassé de son royaume par Corbulon, qui soutenait

Tigrane, était venu redemander sa couronne au fils de Domitius et d'Agrippine. Tout avait été préparé pour frapper d'étonnement le barbare. Les animaux les plus puissants, les gladiateurs les plus habiles avaient combattu devant lui, et, comme il était resté impassible à ce spectacle et que Néron lui demandait ce qu'il pensait de ces combattants dont les efforts surhumains avaient fait éclater le cirque en applaudissements, Tiridate, sans rien répondre, s'était levé en souriant, et, lançant son javelot dans le cirque, il avait percé de part en part deux taureaux d'un seul coup.

Depuis le jour où Tiridate avait donné cette preuve de sa force, jamais le cirque n'avait contenu un si grand nombre de spectateurs.

A peine le proconsul eut-il pris place sur son trône et les licteurs se furent-ils groupés autour de lui, que les trois saints, amenés par son ordre, furent placés en face de la porte par laquelle les animaux devaient être introduits. A un signe de Timothée, cette porte s'ouvrit et les animaux de carnage s'élancèrent dans l'arène. A leur vue, trente mille spectateurs battirent des mains avec joie. De leur côté, les animaux, étonnés, répondirent par un rugissement de menace qui couvrit toutes les voix et éteignit tous les applaudissements; puis, excités par les cris de la multitude, dévorés par la faim à laquelle, depuis trois jours, leurs gardiens les condamnaient, alléchés par l'odeur de la chair humaine, dont on les nourrissait aux grands jours, les lions commencèrent à secouer leur crinière, les tigres à bondir et les hyènes à lécher leurs lèvres... Mais l'étonnement du proconsul fut grand quand il vit les hyènes, les tigres et les lions se coucher aux pieds des trois martyrs, en signe de respect et d'obéissance, tandis que les liens de saint Janvier tombaient d'eux-mêmes, et que, de sa main, redevenue libre, il bénissait en souriant les spectateurs.

Timothée, vous le comprenez bien, proconsul pour l'empereur, ne pouvait pas avoir le dernier avec un misérable évêque, d'autant qu'à la vue du dernier miracle opéré par lui, cinq mille spectateurs s'étaient faits chrétiens. Voyant que le feu ne pouvait rien sur son prisonnier et que les lions se couchaient à ses pieds, il ordonna que l'évêque et les deux diacres fussent mis à mort par le glaive.

Ce fut par une belle matinée d'automne, le 19 septembre 305, que saint Janvier, accompagné de Proculus et de Sosius, fut conduit au forum de Vulcano, près d'un cratère à moitié éteint, dans la plaine de la Solfatare, pour y subir le dernier supplice. Mais à peine avait-il fait une cinquantaine de pas dans la direction du forum, qu'un pauvre mendiant, fendant la foule, vint, en trébuchant, se jeter à ses genoux.

— Où êtes-vous, saint homme? demanda le mendiant; car je suis aveugle et je ne vous vois pas.

— Par ici, mon fils, dit saint Janvier s'arrêtant pour écouter le vieillard.

— Oh! mon père! s'écria le mendiant, il m'est donc, avant de mourir, accordé de baiser la poussière que vos pieds ont foulée!

— Cet homme est fou, dit le bourreau en s'apprêtant à le repousser.

— Laissez approcher cet aveugle, je vous prie, dit saint Janvier; car la grâce du Seigneur est avec lui.

Le bourreau s'écarta en haussant les épaules.

— Que veux-tu, mon fils? demanda le saint.

— Un simple souvenir de vous, quel qu'il soit. Je le garderai jusqu'à la fin de mes jours, et cela me portera bonheur dans ce monde et dans l'autre.

— Mais, lui dit le bourreau, ne sais-tu pas que les condamnés n'ont rien à eux? Imbécile, qui demande l'aumône à un homme qui va mourir!

— Qui va mourir? répéta le vieillard en secouant

la tête. La chose n'est pas bien sûre, et ce n'est point la première fois qu'il vous échappe.

— Sois tranquille, répondit le bourreau; cette fois, il aura affaire à moi.

— Mon fils, dit saint Janvier, il ne me reste plus rien que le linge avec lequel on me bandera les yeux au moment de me décapiter; je te le laisserai après ma mort.

— Et si les soldats ne me permettent pas d'approcher de vous?

— Sois tranquille, je te le porterai moi-même.

— Merci, mon père.

— Adieu, mon fils.

L'aveugle s'éloigna ; le cortége reprit sa marche.

Arrivé au forum de Vulcano, les trois martyrs s'agenouillèrent, et saint Janvier dit à haute voix :

— Mon Dieu, par grâce, veuillez aujourd'hui m'accorder le martyre que vous m'avez déjà refusé deux fois ! et puisse notre sang qui va couler calmer votre colère et être le dernier sang versé par les persécutions des tyrans contre notre sainte Église !

Se levant alors, il embrassa tendrement ses deux compagnons de martyre et fit signe au bourreau de commencer son œuvre de sang.

Le bourreau trancha d'abord les deux têtes de Proculus et de Sosius, qui moururent en chantant les louanges du Seigneur; mais, comme il s'approchait de saint Janvier pour le décapiter à son tour, il fut pris d'un tremblement convulsif si violent, que l'épée lui tomba des mains et que la force lui manqua pour se courber et la ramasser.

Alors, saint Janvier se banda les yeux lui-même, et, se mettant dans la position la plus favorable à la terrible opération :

— Eh bien, demanda-t-il au bourreau, qu'attends-tu, mon frère?

— Je ne pourrai jamais relever cette épée si tu ne m'en donnes la permission, et je ne pourrai jamais te trancher la tête si je n'en reçois l'ordre de ta propre bouche.

— Non-seulement je te permets et te l'ordonne, frère, mais encore je t'en prie.

Aussitôt les forces revinrent au bourreau, qui frappa avec tant de vigueur, que la tête du saint et un de ses doigts furent tranchés du même coup.

Quant à la double prière que saint Janvier avait adressée à Dieu avant de mourir, elle fut sans doute agréée du Seigneur; car le bourreau, en lui tranchant la tête, le mit au rang des martyrs, et, la même année de la mort du saint, Constantin, qui fut depuis Constantin le Grand et qui assura le triomphe de la religion chrétienne, s'enfuit de Nicomédie, reçut à York le dernier soupir de Constance Chlore, son père, et fut proclamé empereur par les légions de la Grande-Bretagne, des Gaules et de l'Espagne. C'est donc de l'année même de la mort de saint Janvier que date le triomphe de l'Église.

Le soir même de l'exécution, vers neuf heures, deux personnes, pareilles à deux ombres, s'avançaient timidement vers le forum désert, en cherchant des yeux les trois cadavres, que l'on avait laissés sur le lieu même du supplice.

La lune, qui venait de se lever, répandait sa lumière sur la plaine jaunâtre de la Solfatare, de sorte que l'on pouvait distinguer chaque objet dans tous ses détails.

Les deux personnages qui hantaient seuls ce lieu désolé étaient, l'un un vieillard, l'autre une vieille femme.

Tous deux s'observèrent un instant avec défiance, puis, enfin, se décidèrent à marcher l'un vers l'autre.

Arrivés à la distance de trois pas seulement, tous deux portèrent la main à leur front en faisant le signe de la croix.

S'étant alors reconnus pour chrétiens :

— Bonjour, mon frère, dit la femme.

— Bonjour, ma sœur, dit le vieillard.

— Qui êtes-vous?

— Un ami de saint Janvier. Et vous?

— Une de ses parentes.

— De quel pays êtes-vous?

— De Naples. Et vous?

— De Pouzzoles. Qui vous amène à cette heure?

— Je viens pour recueillir le sang du martyr. Et vous?

— Je viens pour ensevelir son corps.

— Voici les deux fioles avec lesquelles il a dit sa dernière messe, et qu'il m'a données en sortant de l'église et en m'ordonnant de boire l'eau et le vin qui y restaient. J'étais paralytique, ne pouvant remuer ni bras ni jambes depuis dix ans; mais à peine, selon l'ordre du bienheureux saint Janvier, eus-je vidé les fioles, que je me levai et que je marchai.

— Et moi, j'étais aveugle. Je demandai au martyr, au moment où il marchait au supplice, un souvenir de lui : il me promit de me donner, après sa mort, le mouchoir avec lequel on lui banderait les yeux. Au moment même où le bourreau lui trancha la tête, il m'apparut, me donna le mouchoir, m'ordonna de l'appuyer sur mes yeux et de venir le soir ensevelir son corps. Je ne savais comment exécuter la seconde partie de son ordre; car j'étais aveugle; mais à peine eus-je porté la relique sainte à mes paupières, que, pareil à saint Paul sur la route de Damas, je sentis tomber les écailles de mes yeux, et me voici prêt à obéir aux ordres du bienheureux martyr.

— Soyez béni, mon frère! car je sais maintenant que vous étiez bien véritablement l'ami de saint Janvier, qui m'est apparu en même temps qu'à vous pour m'ordonner une seconde fois de recueillir son sang.

— Soyez bénie, ma sœur! car, à mon tour, je vois que vous êtes bien véritablement sa parente. Mais, à propos, j'oubliais une chose...

— Laquelle?

— Il m'a bien recommandé de chercher un doigt qui lui a été coupé en même temps que la tête, et de les réunir religieusement à ses saintes reliques.

— Il m'a dit de même que je trouverais dans son sang un fétu de paille, et m'a ordonné de le garder avec soin dans la plus petite des deux fioles.

— Cherchons, ma sœur.

— Cherchons, mon frère.

— Heureusement, la lune nous éclaire.

— C'est encore un bienfait du saint; car, depuis un mois, la lune était couverte de nuages.

— Voici le doigt que je cherchais.

— Voici le fétu de paille dont on m'a parlé.

Et, tandis que le vieillard de Pouzzoles plaçait dans un coffre le corps, la tête et le doigt du martyr, la vieille femme napolitaine, agenouillée pieusement, recueillait, avec une éponge, jusqu'à la dernière goutte du sang précieux et en remplissait les deux fioles que le saint lui avait données.

C'est ce même sang qui, depuis quinze siècles et demi, se met en ébullition, chaque fois qu'on le rapproche du saint, et c'est dans cette ébullition prodigieuse, inexplicable, et qui se produit deux fois par an, que consiste le fameux miracle de saint Janvier, qui fait tant de bruit de par le monde et que, de gré ou de force, Championnet comptait bien obtenir du saint.

XX

OU L'AUTEUR EST FORCÉ D'EMPRUNTER A SON LIVRE DU *Corricolo* UN CHAPITRE TOUT FAIT, N'ESPÉRANT PAS FAIRE MIEUX.

Nous ne suivrons pas les reliques de saint Janvier dans les différentes pérégrinations qu'elles ont accomplies et qui les conduisirent de Pouzzoles à Naples, de Naples à Bénévent, et enfin les ramenèrent de Bénévent à Naples ; cette narration nous entraînerait à l'histoire du moyen âge tout entière, et l'on a tant abusé de cette intéressante époque, qu'elle commence à passer de mode.

C'est depuis le commencement du XVI° siècle seulement que saint Janvier a un domicile fixe et inamovible, d'où il ne sort que deux fois par an, pour aller faire son miracle à la cathédrale de Sainte-Claire, sépulture des rois de Naples. Deux ou trois fois, par hasard, on dérange bien encore le saint ; mais il faut de ces grandes circonstances qui remuent un empire ou qui bouleversent une province pour le faire sortir de ses habitudes sédentaires, et chacune de ces sorties devient un événement dont le souvenir se perpétue et grandit par tradition orale dans la mémoire du peuple napolitain.

C'est à l'archevêché, et dans la chapelle du trésor, que, tout le reste de l'année, demeure saint Janvier. Cette chapelle fut bâtie par les nobles et les bourgeois napolitains ; c'est le résultat d'un vœu qu'ils firent simultanément, en 1527, épouvantés qu'ils étaient par la peste qui désola, cette année, la très-fidèle ville de Naples. La peste cessa, grâce à l'intervention du saint, et la chapelle fut bâtie comme signe de la reconnaissance publique.

A l'opposé des votants ordinaires qui, lorsque le danger est passé, oublient le plus souvent le saint auquel ils se sont voués, les Napolitains mirent une telle conscience à remplir vis-à-vis de leur patron l'engagement pris, que doña Catherine de Sandoval, femme du vieux comte de Lemos, vice-roi de Naples, leur ayant offert de contribuer, de son côté, pour une somme de trente mille ducats, à la confection de la chapelle, ils refusèrent cette somme, déclarant qu'ils ne voulaient partager avec aucun étranger, fût-il leur vice-roi ou leur vice-reine, l'honneur de loger dignement leur saint protecteur.

Or, comme ni l'argent ni le zèle ne manquèrent, la chapelle fut bientôt bâtie. Il est vrai que, pour se maintenir mutuellement en bonne volonté, nobles et bourgeois avaient passé une obligation, laquelle existe encore, devant maître Vicenzo de Bassis, notaire public. Cette obligation porte la date du 13 janvier 1527. Ceux qui l'ont signée s'engagent à fournir, pour les frais du bâtiment, la somme de treize mille ducats; mais il paraît qu'à partir de cette époque, il fallait déjà commencer à se défier du devis des architectes : la porte seule coûta cent trente cinq mille francs, c'est-à-dire une somme triple de celle qui était allouée pour les frais généraux de la chapelle.

La chapelle terminée, on décida qu'on appellerait, pour l'orner de fresques représentant les principales actions de la vie du saint, les premiers peintres du monde. Malheureusement, cette décision ne fut point approuvée par les peintres napolitains, qui décidèrent, à leur tour, que la chapelle ne serait ornée que par les artistes indigènes, lesquels jurèrent que tout rival qui répondrait à l'appel s'en repentirait cruellement.

Soit qu'ils ignorassent ce serment, soit qu'ils ne crussent point à son exécution, le Guide, le Dominiquin et le chevalier d'Arpino accoururent. Mais le chevalier d'Arpino fut obligé de fuir, avant même d'avoir mis le pinceau à la main. Le Guide, après deux tentatives d'assassinat, auxquelles il n'échappa que par miracle, quitta Naples à son tour. Le Dominiquin seul, aguerri par les persécutions qu'il avait éprouvées, las d'une vie que ses rivaux lui avaient faite si triste et si douloureuse, n'écouta ni insultes ni menaces, et continua de peindre. Il avait fait successivement la *Femme guérissant les malades* (avec l'huile de la lampe qui brûle devant saint Janvier) ; la *Résurrection d'un jeune homme*, et la coupole, lorsqu'un jour il se trouva mal sur son échafaud. On le rapporta chez lui : il était empoisonné.

Alors, les peintres napolitains se crurent délivrés

de toute concurrence; mais il n'en était point ainsi. Un matin, ils virent arriver Gessi, qui venait avec deux de ses élèves pour remplacer le Guide, son maître. Huit jours après, les deux élèves, attirés sur une galère, avaient disparu, sans que jamais plus depuis on entendît reparler d'eux. Alors, Gessi, abandonné, perdit courage et se retira à son tour, et l'Espagnolet, Corenzio, Lanfranco et Stanzoni se trouvèrent maîtres à eux seuls de ce trésor de gloire et d'avenir auquel ils étaient arrivés par des crimes.

Ce fut alors que l'Espagnolet peignit son *Saint sortant de la fournaise*, composition titanesque; — Stanzoni, *la Possédée délivrée* par le saint, — et enfin Lanfranco, la coupole, à laquelle il refusa de mettre la main tant que les fresques commencées par le Dominiquin aux angles des voûtes ne seraient pas entièrement effacées.

Ce fut à cette chapelle, où l'art aussi avait eu ses martyrs, que furent confiées les reliques du saint.

Ces reliques se conservent dans une niche placée derrière le maître-autel; cette niche est séparée en deux parties par un compartiment de marbre, afin que la tête du saint ne puisse regarder son sang, événement qui pourrait faire arriver le miracle avant l'époque fixée, puisque, disent les chanoines, c'est par le contact de la tête et des fioles que le sang figé se liquéfie; enfin, elle est close par deux portes d'argent massif, sculptées aux armes du roi d'Espagne Charles II.

Ces portes sont fermées par deux clefs, dont l'une est gardée par l'archevêque, et l'autre par une compagnie tirée au sort parmi les nobles, et qu'on appelle *les députés du Trésor*. On voit que saint Janvier jouit tout juste de la liberté accordée aux doges, qui ne pouvaient jamais dépasser l'enceinte de la ville, et qui ne sortaient de leur palais qu'avec la permission du sénat. Si cette reclusion a ses inconvénients, elle a bien aussi ses avantages. Saint Janvier y gagne de ne point être dérangé à toute heure du jour et de la nuit comme un médecin de village. Aussi, les chanoines, les diacres, les sous-diacres, les bedeaux, les sacristains et jusqu'aux enfants de chœur de l'archevêché connaissent-ils bien la supériorité de leur position sur leurs confrères les gardiens des autres saints.

Un jour que le Vésuve faisait des siennes, et que sa lave, au lieu de suivre sa route ordinaire, ou d'aller pour la huitième ou neuvième fois faucher Torre-del-Greco, se dirigeait sur Naples, il y eut émeute des lazzaroni, qui justement avaient le moins à perdre en tout cela, mais qui sont toujours à la tête des émeutes, par tradition probablement. Ces lazzaroni se portèrent à l'archevêché et commencèrent à crier pour que l'on sortît le buste de saint Janvier, et qu'on le portât à l'encontre de l'inondation de flammes. Mais ce n'était point chose facile que de leur accorder ce qu'ils demandaient. Saint Janvier était sous double clef, et une de ces deux clefs était entre les mains de l'archevêque, pour le moment en course dans son diocèse, tandis que l'autre était entre les mains des députés, qui, occupés à déménager ce qu'ils avaient de plus précieux, couraient, les uns d'un côté, les autres de l'autre.

Heureusement, le chanoine de garde était un gaillard qui avait le sentiment de la position aristocratique que son saint occupait au ciel et sur la terre. Il se présenta au balcon de l'archevêché, qui dominait toute la place encombrée de monde; il fit signe qu'il voulait parler, et, balançant la tête de haut en bas, en homme étonné de l'audace de ceux à qui il a affaire :

— Vous me paraissez encore de plaisants drôles, dit-il, de venir ici crier : « Saint Janvier! saint Janvier! » comme vous crieriez : « Saint Fiacre! » ou : « Saint Crépin! » Apprenez, canailles! que saint Janvier est un seigneur qui ne se dérange pas ainsi pour le premier venu.

— Tiens! dit un raisonneur, Jésus-Christ se dérange bien pour le premier venu. Quand je demande le bon Dieu, moi, est-ce qu'on me le refuse?

Le chanoine se mit à rire avec une expression de foudroyant mépris.

— Voilà justement où je vous attendais, reprit-il. De qui est fils Jésus-Christ, s'il vous plait? D'un charpentier et d'une pauvre fille. Jésus-Christ est tout simplement un lazzarone de Nazareth, tandis que saint Janvier, c'est bien autre chose : il est fils d'un sénateur et d'une patricienne. C'est donc, vous le voyez bien, un autre personnage que Jésus-Christ. Allez donc chercher le bon Dieu, si vous voulez. Quant à saint Janvier, c'est moi qui vous le dis, vous aurez beau vous réunir en nombre dix fois plus grand et crier dix fois plus fort, il ne se dérangera pas, car il a le droit de ne pas se déranger.

— C'est juste, dit la foule. Allons chercher le bon Dieu.

Et l'on alla chercher le bon Dieu, qui, moins aristocrate, en effet, que saint Janvier, sortit de l'église Sainte-Claire et s'en vint, suivi de son cortége populaire, au lieu qui réclamait sa miséricordieuse présence.

Mais, soit que le bon Dieu ne voulût pas empiéter sur les droits de saint Janvier, soit qu'il n'eût pas le pouvoir de dire à la lave ce qu'il a dit à la mer, la lave continua d'avancer quoiqu'elle fût conjurée au nom de l'hostie sainte et de la présence réelle.

Le danger redoublait donc, et les cris avec le danger, lorsque la statue de marbre de saint Janvier, qui domine le pont de la Madeleine, et qui, jusque-là, avait tenu sa main droite appuyée sur son cœur, la détacha et l'étendit vers la lave avec un geste de domination répondant à celui qui accompagnait le *Quos ego* de Neptune.

La lave s'arrêta.

On comprend quelle fut la gloire de saint Janvier après ce nouveau miracle.

Le roi Charles III, père de Ferdinand, avait été témoin du fait. Il chercha ce qu'il pouvait faire pour honorer saint Janvier. Ce n'était pas chose facile. Saint Janvier était noble, saint Janvier était riche, saint Janvier était saint, saint Janvier — il venait de le prouver — était plus puissant que le bon Dieu. Il donna à saint Janvier une dignité à laquelle celui-ci n'avait évidemment jamais eu même l'idée d'atteindre : il le nomma COMMANDANT GÉNÉRAL des troupes napolitaines, avec trente mille ducats d'appointements.

C'est pourquoi Michele, sans mentir, pouvait répondre à Luisa Felice, qui lui demandait où était Salvato :

— Il est de garde jusqu'à demain dix heures et demie du matin près du COMMANDANT GÉNÉRAL.

Et, en effet, comme le disait le bon chanoine, et comme nous l'avons répété après lui, saint Janvier est un saint aristocratique. Il a un cortége de saints inférieurs qui reconnaissent sa suprématie, à peu près comme les clients romains reconnaissaient celle de leur patron. Ces saints le suivent quand il sort, le saluent quand il passe, l'attendent quand il rentre. C'est le conseil des ministres de saint Janvier.

Voici comment se recrute cette troupe de saints secondaires, garde, cortége et cour du bienheureux évêque de Bénévent.

Toute confrérie, tout ordre religieux, toute paroisse, tout particulier qui tient à faire déclarer un saint de ses amis patron de Naples, sous la présidence de saint Janvier, n'a qu'à faire fondre une statue d'argent massif du prix de huit mille ducats et à l'offrir à la chapelle du Trésor. La statue, une fois admise, est retenue à perpétuité dans la susdite chapelle. A partir de ce moment, elle jouit de toutes les prérogatives de sa présentation en règle. Comme les anges et les archanges qui, au ciel, glorifient éternellement Dieu, autour duquel ils forment un chœur, eux glorifient éternellement saint Janvier. En échange de cette béatitude qui leur est accordée, ils sont condamnés à la même reclusion que saint Janvier. Ceux mêmes qui en ont fait don à la chapelle ne peuvent plus les tirer de leur sainte prison qu'en déposant entre les mains d'un notaire le double de la valeur de la statue à laquelle, soit pour son plaisir particulier, soit dans l'intérêt général, on désire faire voir le jour. La somme déposée, le saint sort pour un temps plus ou moins long. Le saint rentré, son identité constatée, le propriétaire, muni du reçu de son saint, va retirer sa somme. De cette façon, on est sûr que les saints ne s'égarent point, ou que, s'ils s'égarent, ils ne seront, du moins, pas perdus, puisque, avec l'argent déposé, on pourra en faire fondre deux au lieu d'un.

Cette mesure qui, au premier abord, peut paraître arbitraire, n'a été prise, il faut le dire, qu'après que le chapitre de saint Janvier a été dupe de sa trop grande confiance. La statue de san Gaetano, sortie sans dépôt, non-seulement ne rentra point au jour convenu, mais ne rentra même jamais. On eut beau essayer d'accuser le saint lui-même et prétendre qu'ayant toujours été assez médiocrement affectionné à saint Janvier, il avait profité de la première occasion qui s'était présentée pour faire une fugue, les témoignages les plus respectables vinrent en foule contredire cette calomnieuse assertion, et, recherches faites, il fut reconnu que c'était un cocher de fiacre qui avait détourné la précieuse statue. On se mit à la poursuite du voleur; mais, comme il avait eu deux jours devant lui, qu'il avait une voiture attelée de deux chevaux pour fuir, et que la police, n'en ayant pas, était obligée de le poursuivre à pied, il avait probablement passé la frontière romaine; de sorte que, si minutieuses que fussent les recherches, elles n'amenèrent aucun résultat. Depuis ce malheureux jour, une tache indélébile s'étendit sur la respectable corporation des cochers de fiacre, qui, jusque-là, à Naples comme en France, avait disputé aux caniches la suprématie de la fidélité, et qui n'osa plus se faire peindre, revenant au domicile de la pratique une bourse à la main, avec cet exergue : *Au Cocher fidèle.* Il y a plus : si vous avez à Naples une discussion avec un cocher de fiacre et que vous pensiez que la discussion vaille la peine d'appliquer à votre adversaire une de ces immortelles injures que le sang seul peut effacer, ne jurez ni par la Pasque-Dieu, comme jurait Louis XI, ni par Ventre-saint-gris, comme jurait Henri IV; jurez tout simplement par san Gaetano, et vous verrez votre ennemi tomber à vos pieds pour vous demander excuse. Il est vrai que, deux fois sur trois, il se relèvera pour vous donner un coup de couteau.

Comme on le comprend bien, les portes du Trésor sont toujours ouvertes pour recevoir les saints qui désirent faire partie de la cour de saint Janvier, et cela, sans aucune investigation de date et sans que le récipiendaire ait besoin de faire ses preuves de 1399 ou de 1426. La seule règle exigée, la seule condition *sine quâ non*, c'est que la statue soit d'argent pur, qu'elle soit contrôlée et qu'elle pèse le poids.

Cependant, la statue serait d'or et pèserait le double, qu'on ne la refuserait pas pour cela. Les seuls jésuites, qui, comme on le sait, ne négligent aucun moyen de maintenir ou d'augmenter leur popularité, ont déposé cinq statues au Trésor dans l'espace de moins de trois ans.

Maintenant, nous espérons que ces détails, que nous avons crus indispensables, une fois donnés, le lecteur comprendra l'importance de l'annonce faite par le général en chef de l'armée française.

XXI

COMMENT SAINT JANVIER FIT SON MIRACLE ET DE LA PART QU'Y PRIT CHAMPIONNET.

Dès le point du jour, les accès de la cathédrale de Sainte-Claire étaient encombrés par une effroyable affluence de peuple. Les parents de saint Janvier, les descendants de la vieille femme que l'aveugle rencontra dans le forum de Vulcano recueillant le sang du saint dans des fioles, avaient pris leurs places dans le chœur, non pour activer le miracle, comme c'est leur habitude, mais pour l'empêcher, si c'était possible. La cathédrale était déjà pleine et dégorgeait dans la rue.

Toute la nuit, les cloches avaient sonné à pleine volée. On eût dit qu'un tremblement de terre les mettait en branle, tant elles carillonnaient, isolées les unes des autres, dans une indépendance tout individuelle.

Championnet avait donné l'ordre que pas une cloche ne dormît cette nuit-là. Il fallait non-seulement que Naples, mais que toutes les villes, tous les villages, toutes les populations environnantes fussent avertis que saint Janvier était mis en demeure de faire son miracle.

Aussi, dès le point du jour, les principales rues de Naples apparurent-elles comme des canaux roulant des fleuves d'hommes, de femmes et d'enfants. Toute cette foule se dirigeait vers l'archevêché pour prendre sa place à la procession qui, à sept heures du matin, devait se mettre en route, de l'archevêché à la cathédrale.

En même temps, par toutes les portes de la ville, entraient les pêcheurs de Castellamare et de Sorrente, les corailleurs de Torre-del-Greco, les marchands de macaroni de Portici, les jardiniers de Pouzzoles et de Baïa, enfin les femmes de Procida, d'Ischia, d'Acera, de Maddalone, dans leurs plus riches atours. Au milieu de toute cette foule diaprée, bruyante, dorée, passait de temps en temps une vieille femme aux cheveux gris et épars, pareille à la sibylle de Cumes, criant plus haut, gesticulant plus fort que tout le monde, fendant la presse sans s'inquiéter des coups qu'elle donnait, entourée, au reste sur tout son chemin, de respect et de vénération. C'était quelque parente de saint Janvier en retard, se hâtant de rejoindre ses compagnes pour prendre, à la procession ou dans le chœur de Sainte-Claire, la place qui lui appartenait de droit.

Dans les temps ordinaires, et quand le miracle doit se faire à sa date, la procession met un jour pour se rendre de l'archevêché à la cathédrale; les rues sont tellement encombrées, qu'il lui faut quatorze ou quinze heures pour parcourir un trajet d'un demi-kilomètre.

Mais, cette fois, il ne s'agissait point de s'amuser en route, de s'arrêter aux portes des cafés et des cabarets, de faire trois pas en avant et un en arrière, comme les pèlerins qui ont fait un vœu. Une double haie de soldats républicains s'étendait de l'archevêché à Sainte-Claire, dégageant le passage, dissipant les groupes, faisant disparaître enfin tout obstacle que la procession pouvait rencontrer. Seulement, ils avaient la baïonnette au côté et des bouquets de fleurs dans le canon de leur fusil.

Et, en effet, la procession devait faire en soixante minutes le trajet qu'elle fait ordinairement en quinze heures.

A sept heures précises, Salvato et sa compagnie, c'est-à-dire la garde d'honneur de saint Janvier, ayant au milieu d'eux Michele, revêtu de son bel uniforme, et portant une bannière sur laquelle était écrit en lettres d'or : GLOIRE A SAINT JANVIER! se mirent en route, partant de l'archevêché pour la cathédrale.

Aussi cherchait-on vainement, dans cette cérémonie toute militaire, cet étrange laisser aller qui fait le caractère distinctif de la procession de saint Janvier à Naples.

D'habitude, en effet, et lorsqu'elle est abandonnée à elle-même, la procession s'en va vagabonde comme la Durance ou indépendante comme la Loire, battant de ses flots le double rang de maisons qui forme ses rives, s'arrêtant tout à coup sans qu'on sache pourquoi elle s'arrête, se remettant en marche sans que l'on puisse deviner le motif qui lui rend le mouvement. On ne voyait pas briller au milieu des flots du peuple les uniformes couverts d'or, de cordons, de croix, des officiers napolitains, un cierge renversé à la main, escortés chacun de trois ou quatre lazzaroni qui se heurtent, se culbutent, se renversent pour recueillir dans un cornet de papier gris la cire qui tombe de leurs cierges, tandis que les officiers, la tête haute, ne s'occupant point de ce qui se passe à leurs pieds et autour d'eux, faisant royalement largesse d'un ou deux carlins de cire, lorgnent les dames amassées aux fenêtres et sur les balcons, lesquelles, tout en ayant l'air de jeter des fleurs sur le chemin de la procession, leur envoient des bouquets en échange de leurs clins d'œil.

On cherchait encore et vainement, autour de la croix ou de la bannière, mêlés au peuple dont le flot les enveloppe en les isolant, ces moines de tous les ordres et de toutes les couleurs, capucins, chartreux, dominicains, camaldules, carmes chaussés ou déchaussés; — les uns au corps gros, gras, rond, court, avec une tête enluminée posée carrément sur de larges épaules, s'en allant comme à une fête de campagne ou à une foire de village, sans aucun respect de cette croix qui les domine, de cette bannière qui jette son ombre flottante sur leur front; riant, chantant, causant, offrant, dans leur tabatière de corne, du tabac aux maris, donnant des consultations aux femmes enceintes, des numéros de loterie à celles qui ne le sont pas, regardant, un peu plus charnellement qu'il ne convient aux règles de leur ordre, les jeunes filles étagées sur le pas des portes, sur les bornes des coins de rue et sur le perron des palais; — les autres, longs, minces, maigres, émaciés par le jeûne, pâlis par l'abstinence, affaiblis par les austérités, levant au ciel leur front d'ivoire, leurs yeux caves et bistrés, marchant sans voir, emportés par le flot humain, spectres vivants, fantômes palpables qui se sont fait un enfer de ce monde, dans l'espoir que cet enfer les conduira tout droit en paradis, et qui, aux grands jours des fêtes religieuses, recueillent le fruit de leurs douleurs claustrales par le respect craintif dont ils sont environnés.

Non! pas de peuple, pas de moines, gras ou maigres, ascétiques ou mondains, à la suite de la croix et de la bannière. Le peuple est entassé dans les rues étroites, dans les ruelles et les vicoli : il regarde d'un œil menaçant les soldats français, qui marchent insoucieusement au pas au milieu de cette foule, où chaque individu qui la compose a la main sur son couteau, n'attendant que le moment de le tirer de sa poitrine, de sa poche ou de sa ceinture, et de le plonger dans le cœur de cet ennemi victorieux, qui a déjà oublié sa victoire et qui remplace les moines dans les œillades et dans les compliments, mais qui, moins bien reçu qu'eux, n'obtient, en échange de ses avances, que des murmures et des grincements de dents.

Quant aux moines, ils sont là, mais disséminés dans la foule, qu'ils excitent tout bas au meurtre et à la rébellion. Cette fois, si différente que soit la robe qu'ils portent, leur opinion est la même, et *cette voix*, comme on dit à Naples, serpente dans la foule, pareille à un éclair chargé d'orage : « Mort aux hérétiques ! mort aux ennemis du roi et de notre sainte religion! mort aux profanateurs de saint Janvier! mort aux Français! »

Après la croix et la bannière, portées par des gens d'Église et escortées seulement de Pagliuccella, que Michele avait rallié à lui, puis fait sous-lieutenant, et qui lui-même avait rallié une centaine de lazzaroni, objets pour le moment des sarcasmes de leurs compagnons et des anathèmes des moines, venaient les soixante-quinze statues d'argent des patrons secondaires de la ville de Naples, lesquels, comme nous l'avons dit, forment la cour de saint Janvier.

Quant à saint Janvier, pendant la nuit, son buste avait été transporté à Sainte-Claire, et il attendait sur l'autel, exposé à la vénération des fidèles.

Cette escorte de saints, qui, par la réunion des noms les plus honorés du calendrier et du martyrologe, commande ordinairement sur son passage le respect et la vénération, devait être fort indignée, ce jour-là, de la façon dont elle était reçue et des apostrophes qui lui étaient adressées.

Et, en effet, comme on craignait que la plupart de ces saints, adorés en France, ne donnassent à saint Janvier le conseil de favoriser les Français, les lazzaroni, que la chronique publique avait mis au courant des peccadilles que les bienheureux avaient à se reprocher, les apostrophaient au fur et à mesure qu'ils passaient, reprochant à saint Pierre ses trahisons, à saint Paul son idolâtrie, à saint Augustin ses fredaines, à sainte Thérèse ses extases, à saint François Borgia ses principes, à saint Gaetano son insouciance, et cela, avec des vociférations qui faisaient le plus grand honneur au caractère des saints et qui prouvaient qu'en tête des vertus qui leur avaient ouvert le paradis, figuraient la patience et l'humilité.

Chacune de ces statues s'avançait portée sur les épaules de six hommes, et précédée de six prêtres appartenant aux églises où ces saints étaient particulièrement honorés, et chacune d'elles soulevait sur sa route les hourras que nous avons dits et qui, au fur et à mesure qu'elles approchaient de l'église, passaient des vociférations aux menaces.

Ainsi apostrophées, ainsi menacées, les statues arrivèrent enfin à l'église Sainte-Claire, firent humblement la révérence à saint Janvier, et allèrent prendre leur place en face de lui.

Après les saints, venait l'archevêque, monseigneur Capece Zurlo, que nous avons déjà vu apparaître dans les troubles qui ont précédé l'arrivée des Français, et qui était fortement soupçonné de patriotisme.

Le torrent aboutit à l'église Sainte-Claire, où tout

s'engouffra. Les cent vingt hommes de Salvato formaient une haie allant du portail au chœur, et lui-même était à l'entrée de la nef, son sabre à la main.

Voici le spectacle que présentait l'église encombrée :

Sur le maître-autel était, d'un côté, le buste de saint Janvier; de l'autre, la fiole contenant le sang.

Un chanoine était de garde devant l'autel; l'archevêque, qui n'a rien à faire avec le miracle, s'était retiré sous son dais.

A droite et à gauche de l'autel était une tribune, de manière qu'entre ces deux tribunes se trouvait l'autel : la tribune de gauche chargée de musiciens attendant, leurs instruments à la main, que le miracle se fît pour le célébrer; la tribune de droite encombrée de vieilles femmes s'intitulant parentes de saint Janvier, venant là, d'habitude, pour activer le miracle par leurs accointances avec le saint, et venues, cette fois, pour l'empêcher de se faire.

Au haut des marches conduisant au chœur s'étendait une grande balustrade de cuivre doré, à l'ouverture de laquelle, nous l'avons dit, se tenait Salvato, le sabre à la main.

Devant cette balustrade, c'est-à-dire à sa droite et à sa gauche, venaient s'agenouiller les fidèles.

Le chanoine, debout devant l'autel, prenait alors la fiole et la leur faisait baiser, montrant à tous le sang parfaitement coagulé; puis les fidèles, satisfaits, se retiraient pour faire place à d'autres. Cette adoration du bienheureux sang avait commencé à huit heures et demie du matin.

Le saint, qui a ordinairement un jour, deux jours et même trois jours pour faire son miracle, et qui quelquefois, au bout de trois jours, ne l'a pas fait, avait deux heures et demie pour le faire.

Le peuple était convaincu que le miracle ne se ferait pas, et les lazzaroni, en se comptant et en voyant le peu de Français qu'il y avait dans l'église, se promettaient si, à dix heures et demie sonnantes, le miracle n'était pas fait, d'avoir bon marché d'eux.

Salvato avait donné l'ordre à ses cent vingt hommes, lorsqu'ils entendraient sonner dix heures, et, par conséquent, lorsque le moment décisif approcherait, d'enlever les bouquets qui ornaient les canons des fusils et d'y substituer les baïonnettes.

Si, à dix heures et demie, le miracle ne s'opérait point et si des menaces se faisaient entendre, une manœuvre était commandée pour que les cent vingt grenadiers fissent demi-tour, les uns à droite, les autres à gauche, abaissassent les armes, et, au lieu de présenter le dos à la foule, lui présentassent la

pointe de leurs baïonnettes. Au commandement
« Feu ! » une fusillade terrible s'engagerait ; chaque
Français avait cinquante cartouches à tirer.

En outre, une batterie de canons avait été établie
pendant la nuit au Mercatello, enfilant toute la rue
de Tolède ; une autre à la strada dei Studi, enfilant
le largo delle Pigne et la strada Foria ; enfin deux
batteries, adossées, l'une au château de l'Œuf,
l'autre à la Victoria, enfilaient d'un côté tout le quai
de Santa-Lucia, et de l'autre toute la rivière de
Chiaïa.

Le Château-Neuf et le château del Carmine, pour-
vus de garnison française, se tenaient prêts à tout
événement, et Nicolino, sur les remparts du château Saint-Elme, une lunette à la main, n'avait
qu'un signe à faire à ses artilleurs pour qu'ils com-
mençassent le feu qui, terrible traînée de poudre,
incendierait Naples.

Championnet était à Capodimonte, avec une réserve de trois mille hommes, à la tête de laquelle il
devait, selon les circonstances, faire son entrée solennelle et pacifique à Naples, ou descendre, la
baïonnette en avant, sur Tolède. On voit que,
même à part cette prière à saint Janvier, qui devait
être décisive et sur laquelle comptait Championnet,
toutes les mesures étaient prises, et que, si l'on

s'apprêtait à attaquer d'un côté, on était près de l'autre à se défendre.

Au reste, jamais rumeurs plus menaçantes n'avaient couru dans les rues, au-dessus d'une foule plus compacte, et jamais angoisses plus émouvantes ne furent ressenties par ceux qui, de leurs balcons ou de leurs fenêtres, dominaient cette foule et attendaient ou que la paix fût définitivement rétablie, ou que les massacres, les incendies et les pillages recommençassent.

Au milieu de cette foule, et la poussant à la révolte, étaient ces mêmes agents de la reine que nous avons déjà vus si souvent à l'œuvre, les Pasquale de Simone, le beccaïo et ce terrible prêtre calabrais, le curé Rinaldi, qui, de même que l'écume ne se montre à la surface de la mer que les jours de tempête, ne se montrait à la surface de la société que les jours d'émeute et de boucherie.

Tous ces cris, tout ce tumulte, toutes ces menaces cessaient à l'instant même, comme par magie, dès que l'on entendait la première vibration du marteau des horloges frappant le timbre et marquant l'heure. Cette multitude, attentive, comptait alors les coups de marteau, mais, l'heure sonnée, remontait aussitôt à ce diapason de rumeurs confuses qui n'a de comparable que le mugissement de la mer.

Elle compta ainsi huit heures, neuf heures, dix heures.

A dix heures sonnantes, au milieu du silence qui se faisait pour écouter sonner l'heure dans l'église comme dehors, les grenadiers de Salvato enlevèrent les bouquets du canon de leurs fusils et les armèrent de leurs baïonnettes. La vue de cette manœuvre exaspéra les assistants.

Jusque-là, les lazzaroni s'étaient contentés de montrer le poing à nos soldats : cette fois, ils leur montrèrent les couteaux.

De leur côté, les vieilles hideuses qui s'intitulent les parentes de saint Janvier et qui, en vertu de cette parenté, se croient le droit de parler librement au saint, le menaçaient de leurs plus terribles malédictions, si le miracle s'accomplissait; jamais tant de bras maigres et ridés ne s'étaient étendus vers le saint, jamais tant de bouches tordues par la colère et par la vieillesse n'avaient hurlé au pied de l'autel de plus grossières injures. Le chanoine qui faisait voir la fiole, et qu'on relayait de demi-heure en demi-heure, en était assourdi, et semblait près de devenir fou.

Tout à coup, on entendit, dans la rue, un redoublement de cris et de menaces. Il était occasionné par un peloton de vingt-cinq hussards qui, le mousqueton sur la cuisse, s'avançaient dans l'espace laissé vide, c'est-à-dire entre la double haie formée par les soldats français depuis l'archevêché jusqu'à la cathédrale. Ce peloton, commandé par l'aide de camp Villeneuve, calme, impassible, prit une des petites rues qui contournaient la cathédrale, et s'arrêta à la porte extérieure de la sacristie.

Dix heures sonnaient, et il se faisait un de ces moments de silence que nous avons indiqués.

Villeneuve descendit de cheval.

— Mes amis, dit-il aux hussards, si, à dix heures trente-cinq minutes, vous ne me voyez pas revenir et si le miracle n'est point accompli, entrez dans la sacristie sans vous inquiéter de la défense, des menaces ou même de la résistance qui pourraient vous être faites.

Un simple « Oui, mon commandant! » fut la réponse.

Villeneuve pénétra jusqu'à la sacristie, où tous les chanoines, moins celui qui faisait baiser la fiole, étaient assemblés et s'encourageaient les uns les autres à ne point laisser s'opérer le miracle.

En voyant entrer Villeneuve, ils firent un mouvement d'étonnement; mais, comme c'était un jeune officier de bonne maison, à la figure douce, plutôt mélancolique que sévère, et qui entrait en souriant, ils se rassurèrent, et même ils s'apprêtaient à lui demander compte d'une pareil inconvenance, lorsque celui-ci, s'avançant vers eux :

— Mes chers frères, dit-il, je viens de la part du général.

— Pour quoi faire? demanda le chef du chapitre d'une voix assez assurée.

— Pour assister au miracle, répondit l'aide de camp.

Les chanoines secouèrent la tête.

— Ah! ah! dit Villeneuve, vous avez peur, à ce qu'il paraît, que le miracle ne se fasse point?

— Nous ne vous cacherons pas, répondit le chef du chapitre, que saint Janvier est mal disposé.

— Eh bien, répliqua Villeneuve, je viens, moi, vous dire une chose qui changera peut-être ses dispositions.

— Nous en doutons, répondirent en chœur les chanoines.

Alors, Villeneuve, toujours souriant, s'approcha d'une table, et, de la main gauche, tira de sa poche cinq rouleaux de cent louis chacun, tandis que, de la main droite, il prenait une paire de pistolets à sa ceinture; puis, tirant sa montre à son tour et la plaçant entre les cinq cents louis et les pistolets :

— Voici, dit-il, cinq cents louis destinés à l'honorable chapitre de Saint-Janvier, si, à dix heures et demie précises, le miracle est fait. Vous le voyez, il est dix heures quatorze minutes; vous avez donc encore seize minutes devant vou..

— Et si le miracle ne se fait point?... demanda le chef du chapitre d'un ton légèrement goguenard.

— Ah! ceci, c'est autre chose, répondit tranquillement l'officier, mais en cessant de sourire. Si, à dix heures et demie, le miracle n'est point fait, à dix heures trente-cinq minutes, je vous fais tous fusiller, depuis le premier jusqu'au dernier.

Les chanoines firent un mouvement pour fuir; mais Villeneuve, prenant un pistolet de chaque main:

— Que pas un de vous ne bouge, dit-il, à l'exception de celui qui va sortir d'ici pour faire le miracle.

— C'est moi qui le ferai, dit le chef du chapitre.

— A dix heures et demie précises, riposta Villeneuve, pas une minute avant, pas une minute après.

Le chanoine fit un signe d'obéissance et sortit en se courbant jusqu'à terre.

Il était dix heures vingt minutes.

Villeneuve jeta les yeux sur sa montre.

— Vous avez encore dix minutes, dit-il.

Puis, sans détourner les yeux de la montre, il continua avec un sang-froid terrible:

— Saint Janvier n'a plus que cinq minutes! Saint Janvier n'a plus que trois minutes! Saint Janvier n'a plus que deux minutes!

Il est impossible de s'imaginer le tumulte qui se faisait et qui, toujours croissant, semblait les rugissements de la mer et de la foudre réunis, quand la demie sonna, précédée de deux tintements préparatoires.

Un silence de mort lui succéda.

La demie vibra lentement au milieu de ce silence; puis on entendit la voix du chanoine qui, d'un accent plein et sonore, au moment où les cris, les menaces recommençaient, s'écria, en élevant la fiole au dessus des têtes :

— Le miracle est fait!

A l'instant même, rumeurs, cris et menaces cessèrent comme par enchantement. Chacun tomba la face contre terre en criant : « Gloire à saint Janvier! » tandis que Michele, s'élançant hors de l'église, s'écriait du haut du perron en agitant sa bannière :

— *Il miracolo è fatto!*

Chacun tomba à genoux.

Puis toutes les cloches de Naples, partant avec un ensemble admirable, sonnèrent à pleine volée.

Comme l'avait dit Championnet, il savait une

prière à laquelle saint Janvier ne manquerait pas de se rendre.

Et, en effet, comme on le voit, saint Janvier s'y était rendu.

Une joyeuse volée d'artillerie, partant des quatre forts, annonça à Naples et à ses environs que saint Janvier venait de se déclarer pour les Français.

XXII

LA RÉPUBLIQUE PARTHÉNOPÉENNE.

A peine Championnet eut-il entendu le carillon des cloches, mêlé à la quadruple bordée d'artillerie, qu'il comprit que le miracle était fait, et qu'il sortit de Capodimonte pour faire son entrée solennelle à Naples.

Il traversa toute la ville, entrant par la strada dei Cristallini, suivant le largo delle Pigne, le largo San-Spirito, le Mercatello, au milieu de la joie la plus bruyante et des cris mille fois répétés de

« Vivent les Français ! vive la république française ! vive la république parthénopéenne ! » Toute cette populace, qui, pendant trois jours, avait combattu contre lui, avait égorgé, mutilé, brûlé ses soldats, qui, une heure auparavant, était prête à les brûler, à les mutiler, à les égorger encore, — avait été, à l'instant même, convertie par le miracle de saint Janvier, et, du moment que le saint était pour les Français, ne trouvait plus aucune raison d'être contre eux !

— Saint Janvier sait mieux que nous ce qu'il y a à faire, disaient-ils : faisons donc comme saint Janvier.

De la part du *mezzo ceto* et de la noblesse, que l'invasion française arrachaient à la tyrannie bourbonienne, la joie et l'enthousiasme étaient non moins grands. Toutes les fenêtres étaient pavoisées de drapeaux tricolores français et de drapeaux tricolores napolitains mêlant leurs plis en confondant leurs couleurs. Des milliers de jeunes femmes se tenaient à ces fenêtres, agitant leurs mouchoirs, et criant : « Vive la République ! vivent les Français ! vive le général en chef ! » Les enfants couraient devant son cheval en agitant de petites banderoles jaunes, rouges et noires. Il restait bien encore, il est vrai, quelques taches de sang sur le pavé, quelques ruines de maisons fumaient bien encore; mais, dans ce pays de la sensation du moment, où les orages passent sans laisser leur trace dans un ciel d'azur, le deuil était déjà oublié.

Championnet se rendit directement à la cathédrale, où l'archêque Capece Zurlo chanta un *Te Deum*, en face du buste et du sang de saint Janvier, exposés à tous les regards, et que Championnet, en reconnaissance de la protection spéciale qu'il accordait aux Français, couvrit d'une mitre ornée de diamants, que le saint daigna accepter et se laissa mettre sans résistance.

Nous verrons plus tard ce que devait coûter à l'archevêque cette faiblesse pour les Français.

Pendant que l'on chantait le *Te Deum* dans l'église, on affichait sur tous les murs la proclamation suivante :

« Napolitains (1) !

» Soyez libres et sachez user de votre liberté. La république française trouvera dans votre bonheur une large compensation de ses fatigues et de ses

---

(1) Nous citons toutes ces pièces originales, qui ne se trouvent dans aucune histoire, et qui ont été tirées par nous des cachettes où elles étaient demeurées enfouies pendant soixante-quatre ans.

combats. S'il en est encore parmi vous qui restent partisans du gouvernement tombé, ils sont libres de quitter cette terre de liberté. Qu'ils fuient un pays où il n'y a plus que des citoyens, et, esclaves, retournent avec les esclaves. A partir de ce moment, l'armée française prend le nom d'armée napolitaine et s'engage, par un serment solennel, à maintenir vos droits et à prendre pour vous les armes toutes les fois que l'exigeront les intérêts de votre liberté. Les Français respecteront le culte, les droits sacrés de la propriété et des personnes. De nouveaux magistrats, nommés par vous, par une sage et paternelle administration, veilleront au repos et au bonheur des citoyens, feront évanouir les terreurs de l'ignorance, calmeront les fureurs du fanatisme, et vous montreront enfin autant d'affection que vous montrait de perfidie le gouvernment tombé. »

Avant de sortir de l'église, Championnet, en rendant Salvato à la liberté, constitua une garde d'honneur qui devait reconduire saint Janvier à l'archevêché et veiller sur lui, avec cette consigne : *Respect à saint Janvier*.

Dès le matin, et dans la prévision que saint Janvier aurait la complaisance de faire son miracle, complaisance dont ne doutait point Championnet, un gouvernement provisoire avait été arrêté et six comités avaient été nommés : le comité central, — le comité de l'intérieur, — le comité des finances, — le comité de la justice et de la police, — le comité de la législation.

Tous les membres des comités avaient été pris dans le gouvernement provisoire.

Cirillo et Manthonnet, nos conspirateurs des premiers chapitres, étaient membres du gouvernement provisoire, et Manthonnet, de plus, ministre de la guerre ; Ettore Caraffa était nommé chef de la légion napolitaine ; Schipani prendrait l'un des premiers commandements de l'armée lorsque l'armée serait réorganisée ; Nicolino gardait son commandement du château Saint-Elme ; Velasco n'avait rien voulu être, que volontaire.

De la cathédrale, Championnet se rendit à l'église Saint-Laurent. Cette église, pour les Napolitains, qui, depuis le XII° siècle, ne se sont jamais gouvernés eux-mêmes, est une espèce de municipalité dans laquelle, aux jours de trouble ou de danger, se sont retirés pour délibérer les élus et les chefs du peuple. Le général était accompagné des membres du gouvernement provisoire, qui, ainsi que nous l'avons dit, étaient en même temps les membres du comité.

Là, au milieu d'une foule immense, Championnet prit la parole, et, en excellent italien :

« Citoyens, dit-il, vous gouvernerez provisoirement la république napolitaine ; le gouvernement définitif sera nommé par le peuple, lorsque vous-mêmes, constituants et constitués, gouvernant avec les règles qui ont été le but de cette révolution, vous aurez abrégé le travail qu'exige la rédaction des nouvelles lois, et c'est dans cette espérance que je vous ai provisoirement remis la charge de législateurs et de gouvernants. Vous avez donc autorité sans limites, mais, en même temps, immense responsabilité. Pensez qu'entre vos mains est le bonheur public ou le malheur suprême de la patrie, votre gloire ou votre déshonneur. Je vous ai nommés ; vos noms ne m'ont été présentés ni par la faveur ni par l'intrigue, mais recommandés de votre seule renommée : vous répondrez par vos œuvres à la confiance qui voit en vous non-seulement des hommes de génie, mais encore de jeunes, chauds et sincères amants de la patrie.

» Dans la constitution de la république napolitaine, vous prendrez, autant que le permettront les mœurs et les lois du pays, exemple de la constitution française, mère de la nouvelle république et de la nouvelle civilisation. En gouvernant votre patrie, faites la république parthénopéenne, amie, alliée, compagne, sœur de la république française. Quelles ne fassent qu'une, qu'elles soient indivisibles! N'espérez point de bonheur séparés d'elle. Si la république française chancelle, la république napolitaine tombe.

» L'armée française, qui garantit votre liberté, prendra, comme je vous l'ai déjà dit, le nom d'armée napolitaine. Elle soutiendra vos droits et vous aidera dans vos travaux; elle combattra avec vous et pour vous, et, en mourant pour votre défense, ne vous demandera d'autre prix que votre alliance et votre amitié. »

Ce discours s'acheva au milieu des acclamations et des applaudissements, des cris de joie et des larmes de la foule. Ce spectacle était nouveau pour le pays, ces paroles étaient inconnues aux Napolitains. C'était la première fois que, parmi eux, on proclamait la grande loi de la fraternité des peuples, suprême vœu du cœur, dernière parole de la civilisation humaine.

Aussi ce jour, 24 janvier 1799, fut-il un jour de fête pour les Napolitains : ce que fut pour nous notre 14 juillet. Les républicains s'embrassaient en se rencontrant dans les rues et levaient, en action de grâces, leurs yeux au ciel. Pour la première fois, les corps et les âmes se sentaient libres à Naples. La révolution de 1647 avait été la révolution du peuple, toute matérielle et constamment menaçante ; celle de 1799 était la révolution de la bourgeoisie et de la noblesse, c'est-à-dire toute intellectuelle et toute miséricordieuse. La révolution de Masaniello était la réclamation de sa nationalité par un peuple conquis à un peuple conquérant ; la révolution de Championnet était la réclamation de sa liberté faite par un peuple opprimé à son oppresseur. Il y avait donc une immense différence et surtout un immense progrès entre les deux révolutions.

Et alors, une chose touchante s'accomplit.

Nous avons déjà parlé des trois premiers martyrs de la liberté italienne, de Vitagliano, de Galiani et d'Emanuele de Deo. Ce dernier avait refusé la vie qu'on lui offrait s'il voulait trahir ses complices. C'étaient des enfants : à eux trois, ils avaient soixante-deux ans. Deux avaient été pendus ; puis le troisième, Vitagliano, — comme le supplice des deux premiers avait produit une certaine émotion dans le peuple, — le troisième avait été poignardé par le bourreau, de peur qu'à la faveur d'un mouvement, il ne lui échappât, et pendu mort avec sa plaie sanglante au côté comme le Christ. Une députation patriotique s'organisa spontanément, et dix mille citoyens environ vinrent, au nom de la liberté naissante, saluer les familles de ces généreux jeunes gens, dont le sang avait consacré la place où l'on allait planter l'arbre de la liberté.

Le soir, des feux de joie furent allumés dans toutes les rues et sur toutes les places, et, comme s'il eût voulu se réunir à saint Janvier, son rival en popularité, le Vésuve lança des flammes qui furent plutôt de sa part une communion à l'allégresse publique qu'une menace. Ces flammes, muettes et sans lave, étaient une espèce de buisson ardent, un Sinaï politique.

Aussi, Michel le Fou, vêtu de son magnifique costume, se démenant sur un magnifique cheval, au milieu de son armée de lazzaroni, criant à cette heure : « Vive la liberté ! » comme la veille elle avait crié : « Vive le roi ! » disait-il à toute cette populace :

— Vous le voyez, ce matin, c'était saint Janvier qui se faisait jacobin ; ce soir, c'est le Vésuve qui met le bonnet rouge !

FIN DU TOME PREMIER

TABLE

I. — Justice de Dieu.................... 4
II. — La trêve....................... 15
III. — Les trois partis de Naples au commencement de l'année 1799............. 28
IV. — Où ce qui devait arriver arrive........ 39
V. — Le prince de Maliterno.............. 51
VI. — Rupture de l'armistice............. 62
VII. — Un geôlier qui s'humanise.......... 74
VIII. — Quelle était la diplomatie du gouverneur du château Saint-Elme............... 86
IX. — Ce qu'attendait le gouverneur du château Saint-Elme..................... 96
X. — Où l'on voit enfin comment le drapeau français avait été arboré sur le château Saint-Elme. 108
XI. — Les Fourches caudines............. 127
XII. — Première journée................ 142
XIII. — La nuit...................... 153
XIV. — Deuxième journée............... 161
XV. — Troisième journée................ 172
XVI. — Saint Janvier et Virgile............ 186

TABLE

XVII. — Où le lecteur rentre dans la maison du Palmier. 198
XVIII. — Le vœu de Michele. 212
XIX. — Saint Janvier patron de Naples. 226
XX. — Où l'auteur est forcé d'emprunter à son livre du *Corricolo* un chapitre tout fait, n'espérant pas faire mieux. 242
XXI. — Comment saint Janvier fit son miracle et de la part qu'y prit Championnet. 253
XXII. — La république parthénopéenne. 272

www.ingramcontent.com/pod-product-compliance
Lightning Source LLC
Chambersburg PA
CBHW050629170426
43200CB00008B/948